融媒体时代新闻采编创新研究

AGE OF INTEGRATED MEDIA

靖海汀 —— 著

南海出版公司

2024·海口

图书在版编目（CIP）数据

融媒体时代新闻采编创新研究 / 靖海汀著. -- 海口：南海出版公司, 2024.3
ISBN 978-7-5735-0771-6

Ⅰ.①融… Ⅱ.①靖… Ⅲ.①新闻采访—研究②新闻编辑—研究 Ⅳ.①G21

中国国家版本馆CIP数据核字(2024)第065205号

RONGMEITI SHIDAI XINWEN CAIBIAN CHUANGXIN YANJIU
融媒体时代新闻采编创新研究

作　　者	靖海汀
责任编辑	何怡欣　林　沙
装帧设计	张海燕
出版发行	南海出版公司　电话：（0898）66568511（出版）
	（0898）65350227（发行）
社　　址	海南省海口市海秀中路51号星华大厦5楼　邮编：570206
电子信箱	nhpublishing@163.com
经　　销	新华书店
印　　刷	河北赛文印刷有限公司
开　　本	16
印　　张	15
字　　数	228千字
版　　次	2024年3月第1版　2024年3月第1次印刷
书　　号	ISBN 978-7-5735-0771-6
定　　价	78.00元

南海版图书　版权所有　盗版必究

前言 Foreword

新闻的核心在于真实性。新闻工作者既要基于事实进行客观描述，准确报道个别事件，又要从宏观角度把握和呈现事件或事物的整体情况，注重权威性与创新并重。近年来，随着"互联网+"时代的全面到来，传统媒体受到新媒体的挑战越来越大。对于读者而言，传统媒体的新闻具有权威性和可信度，而新媒体则在传播速度和阅读方式上更具优势。因此，传统媒体和新媒体的融合成为了未来媒体行业发展的趋势。

融媒体时代中的传统纸媒，既需要革新，又需要找到新的发展方向。融媒体作为一种新型媒体形态，扮演着重要的角色，为新闻信息的传播拓宽了渠道。融媒体是指不同传统媒体形式（如电视、广播、报纸）与新兴媒体技术（如互联网、移动通信、社交媒体）之间的融合和交互。它是传统媒体与新兴媒体的结合，通过技术和平台的整合，打破了传统媒体之间的界限，实现了内容、渠道和用户的融合。融媒体的发展对媒体行业、商业模式和传播方式产生了深远的影响。它改变了传统媒体的生产、分发和消费方式，催生了新兴的媒体组织和业务模式，同时也给用户带来了更多的选择和参与权。融媒体的发展趋势将继续推动媒体行业的创新和变革，对社会、经济和文化产生广泛的影响。在互联网时代，媒体最关键的环节在于最终的传播，而采访、编辑和制作等环节都是为了最终的传播效果而努力。因此，传统媒体需要不断适应时代的发展，借助新媒体平台与读者进行互动，提供多样化的内容呈现形式，并充分利用新技术手段提升报道的品质和吸引力。

传统媒体和新媒体的融合是发展的必然趋势。在融媒体时代，传统媒体需要革新自身，找到适应新形势的发展方向，以保持权威性、可信度和吸引力。通过融媒体的方式，传统媒体可以在传播渠道、内容呈现和技术手段上进行创新，实现更广泛的影响力和传播效果，满足读者多样化的需求，并为社会提供准确、可信的新闻信息。新媒体通过与传统媒体的融合和创新，建立自己的品牌形象和影响力，形成独特的内容风格和传播方式。同时，新媒体也积极探索变现模式，通过广告、付费订阅、内容推广等方式实现商业化运营和盈利。新媒体在融媒体时代发展迅速，带来了更多的传播渠道、互动性和个性化服务，挑战了传统媒体的地位和传播方式。

对于好新闻的质量标准，我们应该进行深入思考。在枯燥的文字中，可以结合当前社会流行元素，挖掘合适的宣传点，使内容更符合新媒体传播的要求，更符合受众喜闻乐见的标准。同时，结合当前社会关注的焦点，以地方化的时政新闻为中心，并辅以当地民生、民俗、民情类的新闻作为补充，做好融媒体时代的原创新闻。

一篇好新闻应该是一个团队的成果。质量和数量的均衡发展不仅是对媒体团队，也是对整个媒体行业的要求。在媒体融合后，新闻采写从过去各自为战的生产模式转变为团队合作的模式。从最初的选题和策划到最终的发布，团队中的每个人都应该有明确的分工和更专业的角色。有人负责采访，有人负责统筹，有人负责校对，有人负责编辑，还有人负责文本、图片、视频的编辑等。每个角色都不可或缺，好的作品既能准确地表达意图，又能在创作上展现更高的文学造诣。

新闻的时效性一直是传统媒体所面临的挑战，而融媒体时代的到来极大改善了这种局面。然而，过度追求速度往往难以保证质量，因此我们需要更加权威、专业的平台来进一步挖掘新闻内容，进行深度报道，深入挖掘新闻的内涵。新闻采编人员需要多动脑筋、善于思考，并多听取群众的声音。为了获得受众的认可并吸引他们的参与，新闻在题材、语言、风格、特色上必须与时俱进。语言应更加轻松活泼，表达要更加熟练自如，努力达到新闻传播的目的和效果。同时，为了写出有血有肉、有情有感的新闻，必须深入一线、深入基层、深入现场，亲眼看见事实。通过不同的视角采写不同的新闻，才能捕捉到鲜活的素材。新闻的灵魂不仅仅是真实性，还应该能够通过新闻反映出现场的感觉，使新闻更具备可信度和说服力，提高作品的吸引力和趣味性。只有在察实情、说实话、动真情的基础上，新闻作品才能具备思想、温度和品质，同时也能增强传播力、引导力、影响力和公信力，弘扬社会主义核心价值观。

CONTENT 目录

第一章　新闻采编基础理论
　　第一节　新闻采编的概念及界定 …………………………………… 2
　　第二节　新闻采编的底线与责任 …………………………………… 13
　　第三节　新闻报道的动向与趋势 …………………………………… 19
　　第四节　融媒体时代的决胜策略 …………………………………… 24

第二章　融媒体时代的新闻采编工作
　　第一节　加深对新闻的理解 ………………………………………… 28
　　第二节　新闻报道的选题方法 ……………………………………… 38
　　第三节　发现新闻线索的途径 ……………………………………… 43
　　第四节　新闻写作的基本要求 ……………………………………… 46
　　第五节　把稿件写得有血有肉 ……………………………………… 48

第三章　融媒体时代的新媒体写作
　　第一节　融媒体时代的含义与特征 ………………………………… 53
　　第二节　新媒体写作的技巧 ………………………………………… 59
　　第三节　自媒体的新闻写作 ………………………………………… 64

第四章　融媒体时代的新闻选题与策划
　　第一节　什么是新闻选题 …………………………………………… 74
　　第二节　新闻选题的原则与渠道 …………………………………… 78
　　第三节　什么是新闻策划 …………………………………………… 82
　　第四节　新闻策划的原则 …………………………………………… 88
　　第五节　大型活动的策划 …………………………………………… 91

第五章　通讯与深度报道的写作技巧
　　第一节　通讯 ………………………………………………………… 96
　　第二节　新闻特写 …………………………………………………… 100
　　第三节　新闻评论 …………………………………………………… 105
　　第四节　深度报道 …………………………………………………… 108
　　第五节　数据新闻 …………………………………………………… 113
　　第六节　可视化报道 ………………………………………………… 118

第六章 新闻写作实战
第一节 选稿改稿 …………………………………… 126
第二节 标题 ……………………………………… 130
第三节 专栏 ……………………………………… 136
第四节 图片说明 …………………………………… 140
第五节 新闻短视频 ………………………………… 145

第七章 版面编排技巧
第一节 版面的视觉表达 …………………………… 152
第二节 版面的文字编辑 …………………………… 163
第三节 专刊、特刊、专题的版面策划 …………… 165
第四节 版面设计的新思路 ………………………… 167

第八章 网络事件与危机公关
第一节 从网络事件看互联网特征 ………………… 170
第二节 传统媒体与网络媒介现状 ………………… 172
第三节 如何采写突发事件 ………………………… 175
第四节 媒体与网络舆情应对 ……………………… 179

第九章 融媒体时代的新闻采编策略
第一节 融媒体时代的新闻策略 …………………… 186
第二节 让本地新闻精品化 ………………………… 189
第三节 新闻内容"同质化"的思考 ……………… 193
第四节 网络新闻编发要点 ………………………… 196
第五节 以"微博"为切入点 ……………………… 203

第十章 融媒体时代新闻采编的创新探索
第一节 优化市场定位 ……………………………… 212
第二节 强化各种媒体的采编相融 ………………… 216
第三节 借助新媒体故事，提升新闻内容的丰富性 … 220
第四节 创新新闻采编模式 ………………………… 225
第五节 提高新闻采编人员的专业素养 …………… 232

第一章
新闻采编基础理论

随着融媒体时代的到来，新闻传播方式和内容的变化已经成为不可避免的趋势。新媒体的兴起为新闻传播提供了更多的信息来源和传播渠道，也为受众提供了更丰富多样的信息选择。同时，融媒体时代的到来也对新闻采编工作提出了更高的要求。在融媒体时代，新闻采编人员需要更加关注受众的需求和口味，采用更加多样化、有针对性的报道方式，提高新闻的可读性和吸引力，以获得受众的关注和信任。

此外，在融媒体时代，新闻采编人员需要更加注重新闻的准确性、及时性和新颖性。由于受众对新闻热点的了解需求加速，新闻采编人员需要对社会、生活等方面最新的变化进行及时、准确的报道。同时，新闻采编人员需要及时发掘、整理和报道新闻线索，保证新闻内容的新颖性和独家性。因此，新闻采编人员需要具备较强的新闻敏感性和判断力，能够快速、准确地发现新闻线索，并采用合适的方式进行报道。同时，新闻采编人员需要具备较强的文字表达能力和文化素养，能够准确、生动地描述事件的发展过程和背景，以及对事件的影响和意义进行深入分析和评价。

第一节　新闻采编的概念及界定

新闻学作为一门年轻的学科，已经在短时间内取得了巨大的发展。随着社会的不断发展和进步，媒体的作用也越来越重要，新闻学的研究和应用也变得越来越广泛。新闻学的研究内容主要包括新闻传播理论、新闻采访与写作、新闻编辑与制作、新闻事业管理等方面。这些研究内容都是围绕着新闻活动和新闻事业展开的，旨在探索新闻的本质、规律和特点，以及如何更好地进行新闻传播和管理新闻事业。

同时，新闻学也是一门非常实用的学科。新闻作为一种重要的信息传播方式，对于社会和公众的意识形态、价值观念、政治意识和文化素养等方面都有着深远的影响。在这个信息爆炸的时代，新闻学的研究和应用能够帮助人们更好地理解新闻的真实性、客观性和公正性，提高人们的媒体素养，从而更好地参与社会公共事务。

一、新闻

新闻，在中国古代又称新文，近代有时泛指报纸，在日语及韩语汉字中则只有报纸一义。通常指新闻机构发布的最近发生事件的消息报道，比如通过报纸、电视、广播节目或网络的形式对最新事件进行的报道。涵盖范围包括地方、全国以至全世界。新闻报道有自己特定的写作格式，记者要以第三者的身份作客观和中立的报道。

新闻是通过各种媒体途径传播信息的一种形式，包括报纸、电台、广播、电视台以及互联网等。它是一种记录社会、传播信息和反映时代的文体。新闻可以分为广义和狭义两种概念。广义的新闻不仅包括发表在报刊、广播、互联网和电视上的评论和专文，还包括消息、通讯、特写、速写等等。狭义的新闻则专指消息，它是用简明扼要的文字以概括的方式迅速报道国内外新近发生的有价值的事实。

一篇新闻通常包括标题、电头、导语、主体、背景和结语六个部分。其中标题、导语和主体是主要部分，背景和结语则是辅助部分。新闻的写作方式主要是叙述，有时也会兼有议论、描写和评论等元素。当前新闻界通用的关于新闻的定义是：新闻是对新近发生事实的报道。此定义是时任中共中央机关报延安《解放日报》总编辑陆定一在《解放日报》发表的《我们对于新闻学的基本观点》一文中提出的。新闻是一种传播信息的媒介，帮助人们及时了解世界上正在发生的重要事情。

新闻是信息传播的最常见形态，正是因为新闻过于自然、频繁地出现在生活中，人们反而很少对新闻本身进行哲理化思考。马克思将新闻的产生归结为"以不知为前提、以事实为依据，以事实变动的宏观历史角度看待新闻"。他指出报纸是新闻的第一种表现形式，新闻构成报纸版面的基本内容，事实变动成为报纸新闻的主要来源。报纸中的新闻扩展了个人的精神交往，也成了世界交往的纽带。

（一）要素

新闻报道的表达方式以记叙为主，强调真实、客观和准确。新闻六要素（也就是记叙要素）：时间、地点、人物、起因、经过、结果。即五个"W"和一个"H"：Who（何人）、What（何事）、When（何时）、Where（何地）、Why（何因）、How（如何）。这些要素是新闻报道的基础，能够为读者提供清晰、全面的信息，使读者更好地理解新闻事件的来龙去脉和背景。同时，这些要素也能够保障新闻报道的真实性和客观性。

比如下面这条新闻，六要素交代得非常清楚。"经过多年艰苦训练，中国运动员刘翔终于在 2004 年 8 月 27 日，雅典奥运会上获得男子 110 米栏冠军，被媒体称为'亚洲飞人'。"通过这些要素，读者可以了解到刘翔获得奥运冠军的时间、地点、背景和成就，以及这一事件的重要性和影响。

值得注意的是，新闻报道的表达方式虽然以记叙为主，但也需要有一定的文学和写作技巧，以吸引读者的注意力，提高阅读体验。新闻报道需要注意语言简练、文字生动、重点突出，以及符合新闻报道的客观性和真实性要求。

（二）结构

新闻的结构确实非常重要，以帮助读者迅速理解新闻的主题和内容。一般来说，新闻的结构可以包括标题、导语、主体、背景和结语等五个部分。其中，标题、导语和主体是新闻的核心组成部分，而背景和结语则是提供补充信息和总结的辅助部分。标题在新闻中起着至关重要的作用，它应该简明扼要、准确传达信息，并且具有吸引读者注意力的特点。通常，标题可以包括引标题、正标题和副标题。引标题用于引起读者的兴趣，正标题总结了新闻的主要内容，而副标题则进一步解释和补充正标题的信息。换句话说，新闻的标题应该具备吸引力、准确性和简洁性，以便读者能够迅速理解新闻的要点。

导语是新闻报道的开头部分，通常位于新闻的第一段或第一句话。它的目的是简洁明了地概括新闻的核心内容，并吸引读者进一步阅读。主体部分是新闻的核心，包括人物、时间、地点以及事件的起因、经过和结果等重要因素，以全面展示新闻的主题和内容。在主体部分中，记者会提供详细的信息和事实，通过客观的叙述方式向读者传达新闻的要点。主体部分的写作应该清晰、准确，以确保读者能够全面了解新闻报道所涉及的事实和事件。换句话说，导语是新闻报道的开篇，用简洁明了的语言概括新闻的核心内容，而主体部分则提供了更详细的信息，包括人物、时间、地点和事件的经过，以展示新闻的全貌。

背景是指新闻发生的社会、政治、文化和自然环境，它能够帮助读者更好地理解新闻的来龙去脉和背景信息。结语则是新闻报道的结束部分，通常用于总结新闻的主要内容和意义，或者用于提供进一步的信息和参考资料。阅读新闻需要注意新闻的六要素，只有充分了解这些要素，才能真正理解新闻的主题和内容，并从中获得有价值的信息和启示。

（三）形式

新闻报道的写作方式通常可以归为倒金字塔式、正金字塔式、折中式和平铺直叙式四类。

倒金字塔式是新闻报道中应用最为广泛的一种写作方式，其特点是将新闻中最重要的信息放在开头，然后依次逐渐降低重要性，以便读者能够快速了解新闻的重点内容。这种方式在受众接受心理上比较符合读者的阅读习惯，因此也被广泛应用。

正金字塔式则是以时间顺序为基础的写作方式，按照事件发生的先后顺序展开报道，最后将新闻重点放在结尾，以达到渐入高潮的效果。这种方式通常用于新闻特写，可以让读者更深入地了解事件的细节和背景。

折中式是将倒金字塔式和正金字塔式进行折中的一种写作方式，它将新闻中最重要的信息放在开头，然后在第二段中进行进一步阐述和解释，最后按照时间顺序展开报道。这种方式既能够吸引读者的注意力，又能够让读者了解事件的全貌和背景。

平铺直叙式则是一种注重文字流畅精准的写作方式，它通常适用于组织发表声明等正式文本。这种方式通常按照时间顺序或逻辑顺序展开报道，注重事件的准确性和客观性。

二、新闻采访

新闻采访是一种非常重要的活动，是新闻报道的前提和基础。它是指记者通过观察、询问、倾听、思考和记录等方式，获取新闻事件的相关信息和素材的过程。它需要采访者具备一定的专业知识和技能，包括采访技巧、沟通能力、分析思维、判断力和创意能力等。

新闻采访是新闻写作的起点，它为新闻报道提供了必要的素材和信息，是新闻报道真实性和可信度的基础。通过采访，记者可以获得丰富的信息和观点，深入了解事件的细节和背景，从而为新闻报道提供充足的材料和支撑。新闻采访体现了记者职业的重要特点，包括客观性、公正性、及时性、准确性等。采访过程中，记者需要保持客观中立，不带个人观点地进行调查和报道，同时还要始终以公众利益为出发点，确保新闻的真实性和可信度。

2008年，《沂蒙晚报》推出"踏访七十二崮大型采风活动"。笔者采写了《垛罗崮：溪流潺潺樱桃满山》《水塘崮：民风淳朴 香椿飘香》《和尚崮：村村有烈士，户户救伤员》《张洪崮：地处要冲故事多》《石崇崮：山高水长》等文章。这次采风活动为记者提供了难得的机会，通过实地采访和观察，深入了解了七十二崮的人文历史、自然景观、风土人情等方面的信息。这些信息不仅为新闻报道提供了充足的素材和支撑，还让读者更加深入地了解了七十二崮的文化底蕴和风情特色，提高了新闻报道的可读性和吸引力。

《垛罗崮：溪流潺潺樱桃满山》一文，通过生动的描写和精彩的图片，展现了垛罗崮美丽的自然景观和悠久的历史文化。同时，也介绍了当地农民种植的樱桃产业，让读者了解当地人民的勤劳和智慧，传递积极向上的正能量。《和尚崮：村村有烈士，户户救伤员》一文，则通过寻访当地的烈士后代和救伤员，展示了和尚崮丰富的历史文化和人民英雄的事迹。这样的报道不仅让读者了解当地人民的爱国情怀和民族精神，也为受众提供了一份精神食粮和启示。这些报道不仅展现了记者的采访技巧和专业素养，也彰显了记者职业的重要特点，包括客观中立、公正准确等。同时，这些报道也让读者更好地了解到当地的历史文化和人文风情，提高了新闻报道的可读性和吸引力。通过精心策划和深入采访，记者可以获得丰富的信息和观点，深入了解事件的细节和背景，从而为新闻报道提供充足的材料和支撑。

(一) 采访目的

新闻工作人员进行采访的目的是为了搜集到适合向大众传播的新闻事实。通过观察和访谈等手段，他们可以收集到有广泛关注价值且鲜为人知的信息，为新闻写作提供素材和支撑。采访是新闻报道的前提和基础，是一种特殊的调查研究。通过采访，记者可以收集到实际事件的详细信息和相关观点，深入了解事件的背景和内涵，从而为新闻报道提供充足的事实依据。记者在采访过程中需要注意的是，只关注具有新闻价值的事实，不论采访的客体是自然现象还是社会现象，都要关注大众所关心的事实，以确保新闻报道的真实性和可信度。

(二) 主要特点

新闻采访是新闻传播的起点，是新闻报道的前提和基础。通过采访，记者可以收集到实际事件的详细信息和相关观点，深入了解事件的背景和内涵，从而为新闻报道提供充足的事实依据。新闻采访体现了记者职业的重要特点，包括新闻敏感性、应变能力和采访技巧等。采访者需要具备新闻敏感性，能够在错综复杂的客观事物中敏锐地发现新闻，捕捉新闻，挖掘新闻。此外，他们还需要具备应变能力，能够在稍纵即逝的机遇中迅速地做出反应。同时，采访者还需要具备一定的采访技巧，能够在各种困难的条件下进行有效的采访，获得准确的信息和素材。

除突发事件的采访外，新闻记者在平时还从事主动的、有目的的采访。这种采访事先有明确的报道思想，有充分的资料准备，有周密的采访计划，能够有效地获取到适合向大众传播的新闻事实。

(三) 采访方法

采访活动的方法包括个别访问、现场查勘、参加会议、开调查会、出席记者招待会、阅读文字材料等。采访活动的方式包括个别采访、集体采访、交叉采访、分段采访、巡回采访、隐性采访等。这些方式是根据采访对象和采访环境的不同而选择的。同时，采访记录方式也有默记、笔录、摄影及录音、录像等不同形式。采访记录的方式可以根据采访者的习惯和采访对象的要求而灵活选择，以确保采访记录的准确性和真实性。

（四）采访技巧

在采访中，采访者需要善于发现线索、仔细观察现场、虚心提问、开好采访座谈会，并掌握个别采访的技巧。这些技巧能够帮助采访者更有效地获取适合向大众传播的新闻事实，从而为新闻报道提供充足的事实依据。

发现线索是采访中的关键技巧之一，采访者需要善于启发交谈者多谈一些与新闻有关的素材。观察现场也非常重要，采访者需要全面、入微、深入地观察现场，获取更多的信息。提问也是采访的关键技巧之一。采访者需要分层次提问，抓住对方心理，避免问一些不该提问的问题。开好采访座谈会可以帮助采访者更有效地获取适合向大众传播的新闻事实。掌握个别采访的技巧可以帮助采访者更细致地了解某个问题或细节，从而获得更多的信息。采访者需要学会对采访材料进行剪裁和加工，将采访所得整理成一篇采访稿。这需要采访者具备一定的编辑能力和思维能力，能够将采访所得材料进行整合、筛选和加工，从而形成一份准确、客观、有价值的新闻报道。

三、编辑

在古代，"编"和"辑"是分开的，"编"指"所以联次简也"，"编"和"集"的意思相同。编辑一词的古义可以解释为"收集材料，整理成书"。如果把时间限制在当代社会，那么编辑在日常生活中至少有以下4个方面的含义。1.编辑是一种著作方式。在国标《普通图书著录规则》中列举了26中作品形成方式，并将"著""编著""编辑"等进行了区分。其中，"编辑"指将零散资料或单篇著作汇编成书。编辑作为一种著作方式既要整理内容，也要编排次序。2.编辑是一种工作活动。在这种用法中,"编辑"一词做动词用。比如像"我正在编辑这本书",就是作为工作活动的编辑。此处的"编辑"意指为出版加工整理稿件。详细地讲,编辑在这里指以生产出版物的精神文化内容为目的,策划、组织、审读、选择、加工和推广作品的一种专业性的精神生产活动。编辑是出版的前提条件。通常,我们也可以把此类编辑称为编辑工作。3.编辑是一种职业。这种用法较为简单,就是指从事编辑工作的人。比如"我是个编辑",实际上的意思是指我是从事编辑工作的人。4.编辑是一种职称。在我国对出版专业技术人员管理中,编辑还意指一个职称等级,属于中级出版专业技术人员。初级的职称是助理编辑,高级职称包括副编审和编审。

(一)历史上的编辑

中国的编辑工作具有悠久的历史和深厚的文化底蕴。自商代以来,中国就有编辑整理简策的工作,而司马迁的《史记》、刘向的《战国策》、萧统的《文选序》等作品,都是编辑工作的杰作,对中国文化和学术的发展产生了重要影响。在历史的长河中,许多著名的文学家和学者都从事过编辑工作,如李阳冰、李汉、刘禹锡、元稹、杜牧等,他们通过编辑整理文集、诗集等,为后人留下了宝贵的文化遗产。

随着雕版印刷和商品经济的发展,编辑成了书铺的重要职业之一。在清末戊戌变法运动时及其后,职业编辑成了一种自由职业者,他们中的许多人成了著名的文化人物,如梁启超、谭嗣同、唐才常、蔡元培等,他们通过编辑工作,为中国文化和学术的发展做出了重要贡献。

(二)现代编辑

随着文化和科技的发展,编辑工作的范围和内涵也不断扩大。除了传统的书籍、报纸、期刊等出版物外,现代编辑工作还涉及声音、视频、符号、图像等多种形式的媒介,以传播信息和积累文化。

编辑工作通常可以分为图书编辑、刊期编辑、报纸编辑、广播编辑、电视编辑和电子出版物编辑等不同类型。编辑工作也可以作为一种专业性的工作，包括选题、组稿、审读、加工整理等工作内容。在一些大型工程项目中，编辑工作则是一项复杂的系统工程，例如大型百科全书、辞书和著作总集等。

根据中国《出版专业人员职务试行条例》的规定，编辑职务包括编审、副编审、编辑和助理编辑四种。在其他国家的出版机构中，编辑人员通常分为高级编辑、文字编辑和技术编辑等不同级别。

（三）编辑的类别划分

编辑是一个广泛的领域，涉及不同类型的出版物和媒体形式。根据编辑的不同领域和任务，可以将编辑大致分为以下几类。

图书编辑：主要负责出版机构图书出版工作，包括选题、组稿、审读、加工整理等工作。

刊物编辑：主要负责出版机构期刊或杂志编辑工作，包括选题、组稿、审读、加工整理等工作。

报纸编辑：主要负责报社的报纸出版工作，包括选题、组稿、编辑、排版等工作。

广播编辑：主要负责广播电台的节目制作工作，包括选题、策划、采访、后期制作等工作。

电视编辑：主要负责电视台的节目制作工作，包括选题、策划、拍摄、后期制作等工作。

网络编辑：主要负责网站或者新媒体平台的内容编辑工作，包括选题、策划、编辑、排版等工作。

科技编辑：主要负责科技出版物的编辑工作，包括科技论文、研究报告、技术手册等的选题、编写、审读等工作。

影视剪辑：主要负责影视制作中的后期剪辑工作，包括素材筛选、剪辑、特效制作、音效制作等工作。

音乐编辑：主要负责音乐录音制作中的编辑工作，包括音频素材的剪辑、混音、后期处理等工作。

以上仅是编辑工作的一些基本分类，实际上编辑工作的组合和交叉是很常见的。例如，电视节目制作中的编辑工作可能包括影视剪辑、音乐编辑和特效制作等多个方面的内容。

（四）编辑技巧

从传统意义上说，编辑就是对资料或现成的作品进行整理、加工，换言之，成稿加工就是编辑的任务。然而，现代编辑的内涵应该更深，要根据读者的需求、市场的需求、或者形势的需求，进行运筹、策划、加工、修饰等，编辑的劳动应该是一种创造性的劳动、智慧性的劳动、风险性的劳动。编辑要增强策划意识、读者意识和精品意识，要博览群书，见闻广博，阅历丰富，文字功夫深厚。但更需要有必需的基本技巧，重视标点符号，做好选题把关，具备敏感性，强调责任感，在不同的岗位上发挥编辑的作用。

确定读者群体：在编写稿件之前，编辑需要明确这篇稿件的受众是谁。不同的受众需要不同的表达方式、措辞、语言风格等。

了解题材背景：编辑需要对所编写稿件的题材有一定的了解和掌握，这样才能确保所编写的内容准确、权威、有说服力。

把握语言节奏：语言节奏是指文章的节奏、韵律和语调。编辑需要通过语言节奏来控制文章的节奏感，增强文章的可读性和表现力。

保持简洁明了：编辑需要尽量用简洁明了的语言表达文章的主题和内容，避免使用过于复杂、晦涩难懂的语言。

注意语法和标点：编辑需要在编写稿件的过程中注意语法和标点的正确使用，这可以使文章更加清晰、易读、易懂。

保持客观中立：编辑需要在文章中保持客观中立的态度，不偏袒任何一方，尊重事实,避免出现主观臆断或个人情感色彩过重的情况。

不断反思和改进:编辑需要不断反思自己的编写方式和习惯,发现不足,改进提高,这样才能不断提高自己的编写水平和质量。

第一章　新闻采编基础理论

第二节　新闻采编的底线与责任

在互联网和自媒体时代，传媒行业正在发生翻天覆地的变化，传统的文字记者、摄影记者、报社记者、电台记者、电视记者等职业分类已经失去了原本的意义。进入融媒体时代，所有记者都需要转为"复合型人才"，掌握多种技能，才能适应这个时代的需求。媒体人面临的压力也因此变得更大。调查数据显示，49.6%的青年媒体人感到自己目前"压力较大"或"压力非常大"，其中工作方面的压力占到39.7%，经济方面的压力占32%。

作为一个媒体人，要想在这个行业立于不败之地，必须守住三条底线。首先，要坚守真实、客观、公正的基本原则，不断提高自身的专业素养和责任心。其次，要坚持正确的舆论导向，始终保持正确的价值取向，加强正面宣传，弘扬社会主义核心价值观。最后，要适应时代的变化，不断学习新知识、掌握新技能，提高自身的竞争力，不断创新，推出有特色、有品质的媒体产品，吸引读者、观众、用户。只有守住这三条底线，才能在这个快速变化的媒体行业中立于不败之地。

一、守住社会责任感的底线

在全媒体时代，新闻媒体的角色不仅仅是传递信息和促进交流，更重要的是宣传先进思想、引导舆论、提升自身的引导力和影响力。在这个过程中，新闻媒体应坚持正确的舆论导向，积极掌握舆论引导的主动权。正确的舆论导向对于党和人民的福祉、政治安全、社会稳定和民心安定具有重要意义。因此，新闻媒体的使命是始终站在舆论场的第一线，加强正面宣传，弘扬社会主义核心价值观，努力营造积极向上的社会氛围。

新闻媒体需要回应民众生活中的关注焦点和热点问题，帮助广大干部群众正确理解党和国家的方针政策，促进社会的和谐发展。尤其是面对突发新闻事件，新闻媒体需要对信息及时准确地报道，正确引导舆论，主动配合党和政府的工作，确保在提供帮助的同时不会造成混乱。

新闻媒体在全媒体时代扮演着重要的角色，不仅要传递信息，还要引导舆论，宣传先进思想，推动社会的和谐发展。新闻媒体应坚守正确的舆论导向，加强正面宣传，弘扬社会主义核心价值观，同时回应民众关注的问题，帮助人们正确理解党和国家的政策，促进社会的稳定和谐。

作为临沂本地的一份地方报纸，《沂蒙晚报》始终想群众之所想，急群众之所急，解群众之所盼，第一时间把最新的民生信息传递到1.72万平方公里的角角落落，第一时间把民生资讯传递到八百里沂蒙的峰峦之巅，第一时间把党和政府的民生关怀传递到千万人的心中。

在市场经济的环境下，我国的新闻媒体由原来的纯事业属性转变成了有事业和企业的双重属性。因此，新闻媒体在弘扬主旋律、进行舆论引导的同时，也需要应对市场竞争的挑战。为此，新闻媒体需要适应市场的变化和需求，加强品牌建设，提高自身竞争力，加强创新，推出有特色、有品质的媒体产品，以吸引读者、观众和用户。同时，也要注重保持专业精神，建立健全自律机制，加强内部管理，保持公正性、客观性、真实性，不受外部干扰，为推动媒体事业的发展，服务于人民群众的利益做出积极贡献。

《沂蒙晚报》是临沂市独家晚报。它立足临沂市3区及9县城镇，以地域性、市民化、市场化、综合性为主要特色，关注民生，服务百姓，反映生活。出生并成长在沂蒙的《沂蒙晚报》，始终传承着沂蒙红色基因，流淌着革命老区红色血液，有着深深的爱国情，始终把党和国家的利益放在第一位，党和国家需要干什么，就高标准严要求地去干什么。《沂蒙晚报》很好地发挥了喉舌作用，把党和国家的最新要求和关怀第一时间传递出去。为了准确传递党和国家的声音，让不同文化程度的群众能够全面掌握相关内容，《沂蒙晚报》的记者和编辑在编写稿件时，从构思、框架、用词、语法等方面，追求极致和卓越，做到了"吹毛求疵"。编写前，她们不知道查阅多少资料，通读多少材料，直到全面深刻理解掌握，然后再变成群众能够接受的语言，一遍一遍地修改，一层一层地把关，直到雕刻出了精品为止。

近年来，由于市场竞争日益激烈，迫于各方面的压力，一些媒体不能正确处理好经济效益与社会效益的关系，社会责任感逐渐缺失。为获取好的经济效益，不少媒体千方百计地追求新奇低俗以博得受众的欢喜，以吸引受众的眼球，使媒体的公信力大大下降，对社会的发展造成了不同程度的负面影响。更为严重的是媒体在传播信息过程中出现违反道德规范的行为，给受众和社会带来的负面影响更是不可低估。

媒体的社会责任缺失突出表现在：无病呻吟、哗众取宠的所谓"新闻策划"；大肆炒作明星的三角恋、绯闻、丑闻等；大曝特曝"包二奶"通奸、性贿赂等乱象；对灾害事件的细节进行渲染、煽情，甚至无中生有，制造假新闻；将一些具有刺激性的照片、文字进行放大处理，安排在显著位置和报刊的重要版面；将最具刺激的内容提炼出来，以危言耸听的方式做成标题以刺激受众的感官，等等。受众将低俗之风、有偿新闻、虚假新闻、虚假广告列为媒体业的四大公害一点都不为过。

媒体人应该用一双干净明亮的眼睛呈现这个世界的美好、困苦、挣扎，乃至肮脏和黑暗。媒体人应是责任、重托、公平、正义的代名词，这个职业考验着媒体人的良心、良知。只有守住这个底线才能有力量、有勇气做好社会发展的记录者和守望者，才能完成喉舌、哨兵的职责。社会责任感也是媒体人最重要的道德修养。媒体人只有不断地加强政治思想品德的修养，提高自身的职业素养，自觉抵制社会上各种诱惑，才能真正做到心为民所系、责为民所担、魂为民所立，与人民同呼吸，共患难，做让党放心、让人民满意的媒体工作者。

二、守住客观真实的底线

约瑟夫·普利策曾经说过:"新闻记者就是船头上的瞭望者,要在一望无际的海面上观察一切,审视海上的不测风云和浅滩暗礁,及时地发出警告。"① 这句话阐述了新闻媒体的社会定位和义务。新闻媒体应该对违法、违纪、违背民意的行为进行曝光和揭露,抨击时弊、抑恶扬善,发挥监督制约作用。新闻媒体要创新思路和传播内容,共同促进社会的和谐、稳定、健康发展。

然而,在融媒体时代,信息的来源、渠道、内容、传播等都在不断变化,虚假新闻不断冲击人们的道德底线,因此,新闻的客观真实性成为新闻业生存的基础和最本质的核心要素。当前,确实存在新闻失实的问题。2022年10月9日,网传"上海游客遇新疆疫情,变身葡萄采摘工,120元1天包吃包住月底回家"的消息引发了大众关注。据网传截图显示,除了葡萄采摘工之外,还有烤羊肉、采哈密瓜等其他工种,并办理了工作签证。之后,中国互联网联合辟谣平台发文称,经与吐鲁番市农业农村局、林草局等相关部门核实,有关部门未采取过将滞留人员留在本地就业采摘葡萄的措施,且吐鲁番市葡萄采摘工作于9月中旬基本结束,目前即将进入葡萄冬季埋墩阶段。据了解,国家新闻出版广电总局、国家互联网信息办公室、中宣部等负责监督和管理新闻媒体的运营和内容,每年都会深入开展打击新闻敲诈和假新闻专项行动,并公开通报违法违规案件的查处情况。即便如此,每年出现的假新闻仍然屡见不鲜。可见,新闻失实已成了传媒业的"顽症"。

这种失实现状的存在主要是由于媒体的功利观念,它直接损害了新闻的真实性,也是导致主观有意"失实"的主要原因。一些媒体从业人员利用职务之便,故意掩盖事实真相,协助某些企业或组织进行宣传性炒作,将事件的客观真相掩盖在幕后,误导了公众。这种现象严重损害了新闻的可信度和公信力,对社会舆论的形成和公众的正常决策产生了负面影响。因此,解决新闻失实问题,需要加

---

① 邓丹丹:《初探新闻敏感的培养》,硕士学位论文,广西大学新闻学,2005,第12页

强媒体从业人员的职业道德建设，坚守新闻报道的真实性原则，恪守公正客观的立场，为公众提供准确、可靠的信息。

新闻媒体在融媒体时代应该更加注重新闻的客观真实性，坚持真实报道，不断提高自身的专业素养和责任心，保持公正性，加强自律，建立健全的内部管理机制，以保证新闻的客观真实性。同时，公众也应该保持理性思维，在接收信息的过程中，加强辨别能力，以避免被虚假信息所误导。

媒体作为社会的守望者，与其他社会组织机构不同，不仅追求自身发展，还扮演着传播正能量，成为社会风气的引领者的角色。因此，在面对各类信息传播时，媒体人应坚守牢固的新闻真实观，将新闻的客观真实性放在首位，以客观事实为基础进行报道。新闻的真实性原则应受社会伦理道德的约束，为社会关系的调节提供正确的导向作用。确保今天的新闻经得起历史的检验是媒体人必须坚守的底线。

媒体作为社会的守护者，具有特殊的角色和使命。媒体人应树立牢固的新闻真实观，将客观真实性放在首位，以客观事实为基础进行报道。在面临道德抉择时，媒体人应权衡公德心和记录真实之间的难题，并以社会伦理道德为约束，确保新闻报道能正确引导社会舆论和调节社会关系。媒体人必须坚守底线，确保所报道的新闻经得起历史的检验。

三、守住人文关怀的底线

新闻媒体应该充分发挥其在宣传党的主张、引导社会热点、搞好舆论监督等方面的重要作用，同时也要忠于人民的利益，畅通人民政治参与、利益表达和心理诉求的各种渠道。这不仅需要新闻媒体注重客观真实的报道，还需要新闻媒体注重社会责任和价值观的塑造。新闻媒体应该关注社会上广泛的民生问题，关注弱势群体和普通人的诉求，以及其他领域的新闻事件。在报道中，应该注重人文关怀精神和正面价值导向，鼓励社会正能量、弘扬社会正气。同时，新闻媒体也应该避免过分关注娱乐花边新闻和财富新闻等内容，多关注普通民众，以免降低媒体的品位和违背公众期待。

媒体的价值观偏差是一个值得关注和反思的问题。媒体作为信息传播的重要渠道，在传递信息的同时，也在传递价值观，影响着社会的思想和行为，因此需要对媒体的价值观进行规范和引导。首先，媒体应该坚持以事实为依据，客观、公正地报道新闻，避免对新闻事件进行过度渲染和夸大，以及刻意迎合读者的偏见和情感。其次，媒体应该注重关注社会弱势群体和普通人的利益，关注民生问题和社会事件，弘扬正义和人文关怀精神。同时，媒体也需要适当关注娱乐新闻和财富新闻，但不应该过度关注，以免影响媒体的公信力和形象。最后，媒体应该遵循社会责任和媒体职业道德，坚守媒体的公益性和社会责任，发挥媒体在舆论监督和社会监督方面的作用，以及在推动社会进步和发展方面的积极作用。

笔者所在的纸质传媒《沂蒙晚报》就始终把群众的事当成工作的动力，群众有所呼有所求，她就克服重重困难全力帮助解决。群众因为生病、上学、自然灾害等遇到困难，记者了解到真实情况后，会在第一时间写出有影响力的报道，进行刊发，同时还通过新媒体广泛宣传，利用"线上＋线下"双平台，让更多人了解信息，扩大影响面，以此更好地帮助遇到困难的群众。20余年来，许多人在这份报纸的帮助下，困难得到妥善解决，顺利渡过难关，有许多走出困境的群众送去了锦旗和感谢信，从这些锦旗和感谢信中能够深深感受到《沂蒙晚报》的群众情。

第三节　新闻报道的动向与趋势

在信息爆炸的当下，作为"第四媒体"的互联网和新媒体异军突起，新闻传媒行业面临无限机遇与挑战，新闻的生产、内容及报道形式随之发生了天翻地覆的变化。

一、数字化和媒体融合

随着互联网和移动设备的普及，数字化和媒体融合已经成为新闻媒体发展的主要趋势。这一趋势对新闻行业带来了许多变革和挑战，同时也创造了新的机遇。互联网的普及使得新闻可以以多种形式在多个平台传播，包括新闻网站、社交媒体、移动应用等。传统媒体也积极转型，将内容扩展到在线平台，以适应读者和观众的需求。这种多平台传播的方式为新闻的传播提供了更广阔的空间和更多元化的表现方式。社交媒体平台上的用户可以通过评论、分享和点赞等方式表达自己的观点和意见。同时，用户生成内容的兴起也促进了公众对新闻的参与和互动，使新闻传播更加多样化和大众化。

融媒体时代的一个重要特点是数据的大规模产生和可视化。数据新闻利用数据分析和可视化技术，将复杂的信息和趋势以易于理解的方式呈现给公众。这种方式不仅提供了更深入的分析和洞察，也增强了新闻报道的可信度和说服力。多媒体报道更能够生动地展示事实和事件，提供更全面的信息和更深入的观点。同时，数字化媒体技术可以根据用户的兴趣和偏好进行个性化新闻推荐。通过算法和机器学习技术，新闻平台可以根据用户的阅读习惯和历史行为，提供符合其兴趣的新闻内容。数字化和媒体的融合为新闻媒体带来了更多的发展机遇和创新空间。然而，同时也需要关注信息真实性和可信度、个人隐私保护等问题，以确保媒体的发展服从于社会与公众的利益。

以笔者所在的《沂蒙晚报》为例，在拥抱新时代的新媒体格局下，《沂蒙晚报》确立了以报立业、多元强业的发展思路。在新媒体建设方面，沂蒙晚报已拓展出微信公众号、沂蒙晚报网、微博、抖音号、头条号、百家号、网易号、大鱼号、企鹅号、新浪看点等内容平台，发布手段涉及文章、视频、微电影、H5微传单等形式。2019年，沂蒙晚报为加快融合、创新、转型，走出困境，实现了"两个打通"，一是打通纸媒和新媒体，实现融合融汇；二是打通采编与经营，形成互动互力。以扁平化管理模式，强化市场作战性，增强用户服务意识，以融媒的思路、内容的改版、经营的变革实现进一步融合。除此之外，沂蒙晚报还在发展小记者团队、对外文创设计服务、"老爸老妈生活馆"、报媒不动产等多个领域开展了新的业务，继续扩大主流媒体影响力。

二、个性化和定制化

新闻媒体将越来越注重个性化和定制化的服务，根据不同读者的需求和兴趣，提供个性化的新闻报道和服务，以增强用户黏性和市场份额。新闻的报道形式从单一到多样。曾经一则新闻需要专业的新闻记者进行深度采访报道，并用长篇文字进行深刻解读，抑或是访谈式的新闻问答以广播形式播报。而如今人们的生活节奏加快，受众接收新闻更注重简单、快速、便捷，同时从被动地接收信息变为主动地寻求信息，因此，当今的新闻报道形式变为配以简明扼要的文字，结合视频、图片等多种媒体，分门别类地集合在新闻网站上供受众筛选阅读，微博、抖音、知乎等新媒体软件也都拥有大量新闻使读者茶余饭后随意翻阅时便可获知信息。此外，新闻报道的形式不再是由传者单向传播给受众，受众也可反向报道，用社会舆论推动新闻，达到监督政府、维护公众利益的目的。网民通过微博、社区论坛等首先提供第一手资料，瞬间在各大网站转载，引发网民关注，或转发，或跟帖。传统媒体闻风而动，展开深入调查，提供事实真相及更多细致的内幕材料，形成强大声浪，把一个事情发酵成一个事件，由此指向当事人或单位不得不出面表态，引发相关政府机构介入调查、处理问题，例如郭美美被判入狱、天猫总裁蒋凡被取消阿里合伙人身份……舆论不断推动新闻报道直到事情解决。

互联网与新媒体的发展日新月异，既扩充了新闻生产目的和对象，又丰富了新闻内容的类型、推动了新闻内容的创新，也改变了新闻报道的形式。简言之，新媒体浪潮下的新闻趋向，是便捷化和大众化，并对新闻的创新以及对迎合群众兴趣提出更高的要求。

三、数据化和智能化

新闻媒体需要运用数据分析和人工智能技术，分析读者的行为和需求，优化新闻内容和服务，提高新闻报道的质量和影响力。新闻媒体是一个竞争激烈的市场，随着技术和社会的变化，它的竞争和发展趋势也在不断变化。

革命性的新闻形式大致分为两种，一是指传感器新闻，二是指机器新闻写作。传感器新闻指利用传感器来生成或收集数据，然后对此进行分析和可视化研究，或者利用数据来应对新闻工作者的询问。与数据新闻不同的是，传感器新闻所使用的数据是从传感器所获取的，而数据新闻的数据是历史数据或现存数据。在本世纪早期，传感器新闻就已出现。发展至现在，国外已有大学开设传感器新闻课程，研究水污染、海平面上升、空气质量等问题。值得一提的是无人机的使用。无人机携带传感器，可以进一步扩大新闻工作者观察和记录世界的范围，因此，无人机在新闻界的使用也日渐成为研究方向之一。

传感器新闻是互联网和物联网时代到来的必然产物，它通过分析数据来得到新闻，使得新闻精确度更高，也更加真实可信。当传统新闻业中应用传感器新闻，不但可以节省大量人力物力，更可以提高新闻的精确度和提供多领域、多专业的内容，从而提高新闻的质量与效率。

机器新闻写作是指机器利用算法程序对相应的数据进行抓取、分析与加工，最后自动生成新闻文本。它最大的特点是将内容生产从媒体生产内容和用户生产内容转换到算法生成内容。机器新闻写作多运用人工模板加自动化数据填充模式，多应用于金融与体育新闻方面。

机器新闻写作的优点在于写作高效、全天候的工作模式，使它在生产出海量新闻稿的同时，在突发事件的报道中发挥着重要的作用。它不仅能够保证报道的时效性与速度，为传统新闻业提供时效支持，也能促使新闻报道逐渐透明化、公开化。例如，新华社启用机器人写手"快笔小新"，历史性地将新闻写作部分地赋予人工智能。由此看来，人机协同应是未来传统新闻业传媒生产的主流模式。

四、全球化和本地化

新闻媒体需要在全球化和本地化之间找到平衡，既要关注国际大事和全球趋势，又要关注本地社区和读者的需求，提供丰富多样的新闻内容和服务。新闻的生产已然脱离报纸与电视时代的每日更新，具有显著的即时性——全球此时此刻发生的事件立即被编辑成为新闻生产出来，通过互联网传播到千家万户。同时，新闻的生产目的不再是单一的报道国家事件、反映社会现象，还增加了塑造网民个人形象、打造自身网络品牌。例如，前段时间的某知名化妆师团队改妆的词条占据新闻头条，火爆全网，使其品牌的化妆品也热卖脱销。这体现了互联网的商业化，此类新闻生产的目的在于引导消费。此外，新闻生产的对象也有所变化，人人互动的新媒体使得大众可以进行内容生产。新闻发生的当事人不必借用传统媒体发声，只需刊登在个人的博客、微博甚至微信朋友圈等，随着网友们的大量转发即可得到广泛传播。传统媒体的记者也通过博客、微博来寻找信息源进行新闻播报的跟进。由此，新闻生产的对象由传者和受者共同组成，形成稳固的"互动联盟"。

新闻的内容在信息海量的时代背景下得以扩充，一方面是新闻媒介的多样融合，一则新闻同时兼有文字、图片、音频、视频、动画，直观具体，极大地丰富了新闻的表现力和感染力。另一方面，新闻的内容也在迎合市场与群众诉求——明星网红的八卦新闻层出不穷，满足群众的猎奇心理；当今人们生活压力大，生活中暖心的细节从前不被注意，如今却常常被媒体记录下来形成新闻传播；随着人们对生活品质要求的提升与精神世界的丰富，富有创意的精致网红餐厅、高颜值拍照打卡网红店、风格化的旅游民宿等新型娱乐场所都成为新闻得到广泛传播。在互联网时代，新闻内容更具专业性和独创性，新媒体竞争激烈，雷同、无新意、不符合群众审美与兴趣的媒体与内容必遭淘汰。

第四节 融媒体时代的决胜策略

传统媒体和新媒体融合发展是大势所趋,传统媒体和新媒体优势互补、一体发展,通过媒体融合,进一步拓宽了发展空间,扩大了传播力和影响力,巩固和壮大了主流舆论阵地。传统媒体的时效性较新媒体有明显差距,在移动互联网时代,普通的信息已经不再稀缺,但思想深刻、见解独到、内容权威的优质内容依然稀缺。在融媒体时代,传统媒体面临着新媒体的强烈竞争和挑战。传统媒体需要通过融媒体的方式,创新营销方式,提升其市场竞争力。

一、做加法,多加互联元素

融媒体的核心是将传统媒体和新媒体的优势互补、互为整合,实现多元化、动态化内容的发布和传播,从而提升媒体的竞争力和市场价值。对于传统媒体而言,要在媒体融合中不断提高灵活性和多元性,借鉴新媒体的优势,打造新的产品和服务,以适应新时代用户的需求和期待。例如,传统媒体可以通过互联网和移动端等新媒体平台,实现新闻的24小时滚动、实时更新等,提升新闻内容的及时性和互动性,从而吸引更多的用户和受众。

同时,在融合中,传统媒体也需要坚守自身的核心竞争力,如专业性、可靠性等,以确保媒体的公信力和品质。传统媒体可以通过融合的方式,实现品牌联动、资源整合等形式,提高媒体的市场影响力和竞争力。传统媒体在融合中也需要注重创新和实践,不断探索新的商业模式、内容形态和营销策略,以适应市场的变化和发展趋势,实现可持续发展和创新发展。

融媒体为传统媒体提供了广阔的发展空间和机会,传统媒体需要充分利用融合的优势，加强创新和实践，提高媒体的市场竞争力和影响力，以适应新时代的发展和变化。

二、做减法，让传统媒体轻装上阵

我们知道，新媒体带给传统媒体的机遇是新闻产品价值的最大化以及多次贩卖。那么，贩卖的过程中，必须适应市场经济，"精兵简政"是轻松闯市场的关键。融媒体时代，推动媒体深度融合，就要减少一些不适应环节。因此要重点突破采编发流程再造这个关键环节，要在管理体系上做出适当的调整，切实优化调整采编流程，减少不适应媒体融合的环节，实现"一种原料，各自加工，同步推广"，提高新闻信息传播效率。

同时，我们也看到，虽然媒体融合日渐加深，传统媒体纷纷打造全媒战舰，但不少传统媒体业务与新媒体业务还是"两张皮"，互不相融。在具体的编采业务中，减法作为分解动作更有利于传统媒体新闻产品营销。互联时代，碎片化是重要特征。媒体产品的碎片化也是现实。但碎片化的意义不在于切碎，而在于重组，通过重组提高产品的价值，使传统媒体生产的新闻产品实现价值最大化。比如传统媒体拥有大量的信息内容，只在报纸、广播、电视等传统媒体中一次消费，浪费了产品的价值。我们可以把优质报道内容拆分打包，转换成文字版、音频版、视频版投放在App、网站等平台。尤其是可以通过信息池的集中打造，一次生成、多次发布，让新闻产品能共享，能切割，也能重新锻造。因此，推动媒体深度融合，要敢于刀刃向内，要不断创新、不断自我革命，要善做减法，才能让传统媒体与新媒体真正融为一体、合而为一，打造一批新型主流媒体。

三、做互动，加强媒体合作与用户体验

媒体竞争越激烈，越要加强与其他媒体的合作。融媒体时代尤其要侧重在向下、向上、横向三个层次谋求联动发展。向下，即本土化，体现在精耕细作，加强与省内各地市媒体内容资源和渠道资源的聚合力度；向上，即去区域化，借梯

登高，在内容、品牌、活动上找机会、找渠道和中央级媒体开展合作；横向，即进一步加深和平级媒体、单位的合作，加强内容资源的宽度和广度。同时，传统媒体必须增加用户黏性，增强互动。特别是要关注用户留存，让这些用户持续使用，做出口碑。这需要传统媒体与受众更好地互动。

媒体做的是文化产品，在这中间也大有可为。就新闻产品制作而言，传统媒体需要进一步利用微信时代、App时代的特质，做到即时新闻及时推送，重大报道深度阅读，吸引优质客户的关注。就媒体品牌推广而言，传统媒体需要进一步加强与受众的互动，增强用户黏性。而且，互动除了增加传统媒体影响力，增加用户体验与黏性外，另外一个好处就是能够建立自身的数据库。在信息时代，手中掌握合法合规的数据库大小将直接彰显一个企业的实力。因此，传统媒体充分重视合法合规的用户信息的保留与沉淀，建设用户数据库，让积极参与互动的受众成为未来众多新媒体形态的核心用户层，都将是融媒体时代重要的财富。

第二章
融媒体时代的新闻采编工作

随着互联网的普及和技术的不断发展,传媒行业也在不断地转型升级。融媒体时代的到来,意味着传统媒体已经迈入了一个全新的时代,新闻采编工作也面临了前所未有的挑战和机遇。

在融媒体时代,新闻采编工作需要更具有全媒体思维和创新意识。传统媒体的报道方式和传播方式已经无法满足当今社会对新闻的需求,因此媒体机构需要不断地创新,将各种媒介进行有机结合,实现信息全方位、多角度、多层次传播,以满足受众需求。

第一节　加深对新闻的理解

记者是新闻的采集、编辑和报道的主要从业者，他们承担着传递信息、反映社会现象、引导公众舆论等重要职责。因此，记者需要对新闻有更深入的理解，才能更好地完成自己的工作。加深对新闻的理解可以帮助记者更好地适应新闻行业的发展需求，提高自身的工作能力和水平，从而更好地为公众服务。

一、新闻

新闻是指通过各种媒介向公众传播的事实、观点和看法。也是公众获取信息、参与社会生活的重要途径。

新闻具有以下几个特点。

及时性：新闻的第一要义是要及时，要在事情发生后第一时间进行报道，以满足公众对事件的迫切需求。

公正性：新闻应该客观、公正地报道事实，不应该有任何偏见和歧视。

真实性：新闻报道应该真实可靠，不能虚构或者歪曲事实。

全面性：新闻报道应该全面、深入地反映事件的方方面面，不应该片面化。

价值性：新闻报道应该具有一定的价值取向，有助于公众了解社会现象和问题，提高公众的思想水平和文化素质。

新闻的核心在于传递信息，帮助公众了解事实真相，提高公众的认知水平和思考能力。同时，新闻也有着重要的社会功能，能够引导公众舆论，促进社会进步。因此，新闻的价值不仅仅在于它所报道的具体事件，更在于它所承载的公众权益和社会责任。

二、新闻敏感

新闻敏感通常是指记者、编辑和新闻从业者对于新闻事件的敏感性和对于信息的敏锐捕捉能力。这种敏感性是他们在报道新闻时所表现出来的能力，即能够迅速发现事件中的本质和价值。抓住信息追求本质意味着从大量信息中提取出关键信息，对这些信息进行深入分析和挖掘，以便深入理解事件的本质，揭示事件的真相，来帮助公众了解事件的真相。

许多情况下，记者展示才华是靠捕捉、传递信息做文章。有经验的记者能够出神入化，靠感觉抓新闻，这种"感觉"就是嗅到了信息。最起码，能够先把这件事抓住；再深入一点，就能入髓摄魂，揭示本质。我们不要求每一条新闻信息都能深入本质，但记者在主观上必须有时刻追求本质，抓大新闻的准备。

作为新闻记者，在日常生活中，必须多听多看，将优秀的新闻报道作为自己的精神食粮和学习的榜样。将具备优秀新闻记者的良好素养作为自己追求的目标。1992年，中央人民广播电台记者胡家麒在云南边陲瑞丽市采访改革开放后小城的变化，在采访了很多人和事之后，他却总是不满意，觉得这些事例不能深刻反映小城的变化，表现方式也雷同。于是，胡家麒到街上"闲逛"。在买西瓜时，他听到的是河南话；在理发摊上，他听到的却是上海腔；在卖工艺品的小店里，他见到的又是印度人、巴基斯坦人……无意中一个灵感跳了出来：南腔北调！这不正是往日封闭的小城在改革开放形势下的写照吗？于是，他用录音机记录下了这丰富多彩的音响，用七种声调组成了现场报道《南腔北调瑞丽边贸街》，这个报道获得当年中国广播奖现场报道一等奖。从这篇报道可以看出，作者就是在"闲逛"中捕捉到了那些别人可能忽视的细节，再把这些细节汇总起来，加以升华，再把这个"南腔北调"与改革开放联系起来就看到了小城前后的变化，推而广之，也就看到了改革开放给全国上下带来的巨大变化。我们看到这样的优秀新闻作品，不但得到了精神享受，也对自己的写作思路有了新的启迪。所以说，作为一名记者如果要不断提高自己的新闻敏感性，就要多听多看国内外的优秀新闻作品，借鉴学习前辈们的经验教训。这都是记者掌握信息特点抓新闻的好例证。一个好的记者要能熟练地运用信息的特性，发现新闻，写好新闻。

要理解新闻敏感就是要把握信息追求本质，我们需要考虑两个方面。

首先，掌握信息意味着新闻工作者需要具备敏锐的感知和深入探究事件、人物和社会问题的能力。这就要求他们具有广泛的知识基础和综合素质，能够快速捕捉事件的重要性、关键点和价值，准确获取事实信息和数据。只有这样，才能保证报道的准确性和客观性，公众才能更好地了解事件和问题。

其次，追求本质是指记者在报道中需要深入分析和思考事件背后的原因、逻辑和影响，以把握事件的本质和意义。这就要求他们具备深入思考和判断的能力，对事件进行全面、系统的思考和分析，以便为公众提供更多的价值和意义。

在传统媒体、新媒体上常有"有事实而无信息"的稿件，比如有些例行会议、日常调研等。这些稿件只是一般的例行工作，信息很少。严格意义上讲，这不是新闻，因为没有多少"信息含金量"。商业性的报纸，基本不登这些，因为受众很少。作为机关报，也要尽量少登，尽可能删去无用的信息。信息含金量与受众量成正比，而无用信息则与受众量成反比。

由此可见，从信息的本质特征出发，我们就会得出以下几点用于新闻的采访写作的经验：信息不等同于事实，新闻工作者要学会从事实中提取有用信息；信息是动态的，老化速度很快，要做报道新闻必须求快；信息是现象，要想做新闻报道就要进一步深挖探求；信息具有方向性，稿件要讲导向；信息的包含量比新闻要大，但时效性不及新闻要求强；信息真实性无法保证，新闻的真实性则要求每一个具体描述都符合客观事实。

在追求新闻本质时，新闻从业者需要充分利用他们的专业技能，例如记者需要通过采访、收集数据、整理材料等方式获取最全面的信息，并结合自己的判断力和观察力，以发现事件中的症结所在。编辑则需要对记者提交的材料进行全面、深入地审查和分析，找到其中的价值和新闻角度，以便在最短的时间内将信息传达给读者。

总之，新闻敏感是指新闻从业者通过对大量信息的筛选、整合和分析，追求事件的本质和价值的能力。它是新闻报道中最重要的品质之一，也是新闻从业者必备的素质之一。

三、加深对新闻的理解

加深对新闻的理解，可以帮助我们获取信息、了解社会、保护权益、传播文化并提升个人素养。因此，我们应该积极关注和学习新闻，以便更好地适应和理解这个多元且不断变化的世界。

多渠道获取新闻。获取新闻时，要避免过度依赖单一的信息源。尽量从多个来源获取新闻，可以通过阅读报纸、观看电视新闻、收听广播新闻等多种渠道来获取新闻信息。这样可以得到来自不同媒体等平台机构的报道，从多角度了解同一事件或新闻的各种细节和对其的解读，这样可以获得更全面和客观的信息。

提高新闻素养。了解新闻报道的基本原则和规范，例如客观性、真实性、公正性、及时性等。学会辨别新闻报道中的事实与观点，判断新闻的可信度，避免受到虚假新闻的误导。

学会思考和分析。在阅读或观看新闻时，要善于思考和分析，保持独立思考的能力。不要轻易接受一方面的观点，而应该通过比较和分析不同观点的权威性、客观性和逻辑性来形成自己的判断。网络时代虚假信息泛滥，可以通过查证来源、核实事实、对比多个信息来源等方式来判断信息的真实性，学会辨别真假信息。另外，我们不仅要关注事件的发生，还要探究事件背后的原因、影响和可能的解决方案，可以采用比较、对比、归纳、演绎等思维方式，加深对新闻事件的理解和思考能力。

多角度的阅读和观点收集。了解媒体的立场和背景也有助于正确看待新闻。

不同媒体可能存在不同的倾向，因此要有意识地了解其立场，并在判断和解读新闻时加以考虑。同时，要不局限于一家媒体的报道，可以尝试从不同的观点和立场来了解同一事件。还可以通过阅读专业分析、评论文章，关注专家学者、意见领袖的观点，以及参与社交媒体的讨论等方式，拓宽视野，形成更全面的认知。

持续学习和实践。新闻是一个不断变化的领域，要保持对时事的关注，并持续学习新闻知识和相关领域的知识。可以参与一些新闻解读、评论的讨论，或者尝试撰写自己的新闻报道或文章，通过实践来提升对新闻的理解和表达能力。加深对新闻的理解需要多方面的努力和积累，包括拓宽获取信息渠道、学会分析思考、接触多元观点、持续学习和实践等。通过这些方式，可以提升对新闻的认知水平和理解能力。

关于各类政策的解读都是《沂蒙晚报》关注的重点。2020年疫情后复工复产的报道。当时出台了许多鼓励就业创业的政策，都是"真金白银"，有招工补贴、用工补助、稳岗补贴、培训补助、创业补贴等，这些政策都是临时性的，有时间限制，只有在规定时间内才能享受，超出时间就失效，同时享受这些政策还需要提供一些必需的材料。

《沂蒙晚报》的记者几乎每天都打电话了解情况，把群众工作当成了自己的工作，把群众利益当成了自己的利益，他们的责任意识令人钦佩，生怕群众了解的复工复产信息晚了，影响政策享受，这种对群众负责、对社会负责的责任意识着实让人佩服。

2020年全市人社系统共发放社保、岗位、一次用工、一次吸纳、就业见习、就业扶贫车间补助等各类就业补贴1.15亿元，落实培训补贴和以工代训补贴1.38亿元，发放创业担保贷款23.66亿元，带动就业5.32万余人，全力稳住了就业岗位，稳定了就业形势。《沂蒙晚报》是见证者，也是宣传者。

四、全媒体时代的新闻立场

我们所处的时代是全媒体时代。互联网正在一步一步地改变着我们的生活，在媒体领域催发一场前所未有的变革，新媒体和传统媒体的深度融合深刻地影响到我们每一个人。

在这种形势下，媒体的格局、舆论生态、受众对象和传播技术都正在发生巨大的变化。为了适应这一发展趋势，我们需要勇于创新，在新闻的理念、内容、手段和体制机制等方面进行全面的探索。我们应该研究和把握现代新闻传播规律以及新兴媒体的发展规律，强化互联网思维和一体化发展理念，推动各种媒介资源和生产要素的有效整合，促进信息内容、技术应用、平台终端和人才队伍的共享和融通。

面对媒体格局、舆论生态、受众对象和传播技术的巨大变化，我们需要积极适应并引领这一发展趋势。为此，我们需要勇于创新，在新闻的理念、内容、手段和体制机制等方面进行全面的探索。我们应该深入研究和把握现代新闻传播规律和新兴媒体发展规律，强调互联网思维和一体化发展理念，推动各种媒介资源和生产要素的有效整合，促进信息内容、技术应用、平台终端和人才队伍之间的共享和融通。只有这样，才能适应时代的需求，推动媒体行业的创新发展。为此，我们要进一步加深对新闻的理解。

一是新鲜性。新闻是新的，而不是旧的。新的才是新闻，旧的便成历史。在新闻术语中叫作"时效性"，说的是新闻是易碎品，怕压；一压，压在抽屉里，不发表，便过时了，碎了，成了历史了。

二是真实性。真实是新闻的生命。新闻要真实，不能做假。假的就不是新闻，而是传言、谣言。现在，假新闻很多，有的为博取眼球，有的为赚取钞票，有的为逃避监管，有的为攻击对方。然而，假的就是假的，伪装应当剥去。警惕并识别假新闻仍是一项重要的任务。

三是及时性。要把这件事报道出去。一件新鲜的、真实的东西，不报道出去，没有受众，还成不了新闻，大不了只是一份私密日记或保密文件。新闻是要有受众的，报刊要扩大发行量，电视要提高收视率，博客与微信公众号要增加点击量，都是在争取受众，即争取读者与观众。

国办发〔2007〕72号文件规定，自2008年6月1日起，在全国范围内禁止生产、销售、使用厚度小于0.025毫米的塑料购物袋。发改环资〔2020〕80号文件要求，到2020年底，禁止生产和销售一次性发泡塑料餐具。在《"限塑令"倒计时，你准备好了吗？》（载《沂蒙晚报》2008年4月29日A4版头条）这篇文章中，笔者不仅仅报道了政策的内容和执行时间，还采访了商家、监管部门和市民的看法，以此分析政策的影响和执行情况。这种深入采访和分析，让读者可以更全面地了解政策的实际影响和执行情况，同时也让读者能够更好地理解政策的背景和动机。

此外，这篇新闻稿还通过标题和引言引起读者的兴趣和关注。标题《"限塑令"倒计时，你准备好了吗？》直接针对读者的生活实际，让读者产生共鸣和关注。引言则通过一个具体的场景引出政策的背景和实际问题，进一步引起读者的兴趣和关注。

除以上3点外，新闻还有其他什么特性吗？有的。如重要性、接近性、反常性、趣味性，等等。

重要性：人物、项目、内容、事件的重要。

接近性：新闻与受众地理上的接近，心理上的接近。

反常性：非常态的事可成为新闻。如飞机一直误点，有次正点便是新闻，又如高铁一直正点，有次误点便是新闻。

趣味性：新闻要写得活写得有趣味，才能更好吸引读者与观众。

在新闻工作中，学会选择，精心加工，是必不可少的基本功。为什么同一件事在不同的国家、不同的通讯社、不同的记者报道出来的文章是不一样的？这样的例子很多。这是因为立场不同，观点不同，选择角度不同，加工写作不同。由此可见，新闻的描述是有选择性的。

加深对新闻的理解，就要把握住这个"新"字。除了时间新，还有什么新？还有角度新、事件新、发现新、动向新、观点新、人物新、问题新、预告新、创意新等，都是"新"，都可以作为新闻来写。当然，在写作时要把握好时效性，加些新鲜的"由头"。

对新闻有所理解后，作为一个新闻从业人员，要学会提问。问题、问题，有"问"才有"题"。学会说话，说正确的话；学会交谈，能与采访对象深入交流；学会提问，能提出简洁、深刻、有分量、有挑战性的问题；这些，都是记者的基本功。

我国古人在修行时，强调"慎言"，即少说话。所谓"慎言语，养德之大""慎言谨行，是修己第一事""君子敏于事而慎于言"，都是强调要少说话。这在强调学习、修行时是对的，一点没错。后来，有些成语、俗语更是强调不要轻易说话，如："少说为佳""言多必失""祸从口出""沉默是金"，等等。

作为新闻工作者，在采访中可不能这样。如果一场新闻发布会来个"沉默是金"，还开得下去吗？在做好充分准备的情况下，克服紧张情绪，敢于提问，善于提问是一项基本功，必须经常练、经常用。

著名美国记者埃德加·斯诺在1936年6月进入陕甘宁边区时，就准备了大量问题。他在《红星照耀中国》（曾译为《西行漫记》）一书的第一章，就用了"一些未获解答的问题"为文章开头标题。接着，他一口气提出了许多问题，其中包括："中国共产党人究竟是什么样的人？""中国的苏维埃是怎样的？农民支持它吗？""共产党怎样穿衣？怎样吃饭？怎样娱乐？怎样恋爱？怎样工作？""中国共产主义运动的军事和政治前景如何？它的具有历史意义的发展是怎样的？它能成功吗？一旦成功，对我们意味着什么？对日本意味着什么？这种巨大的变化对世界五分之一的人口会产生什么影响"，等等。有兴趣的读者可以去翻阅一下。

这些问题，题多面广，深思熟虑。正因为有了这些问题，斯诺采访起来如鱼得水，游刃有余。他成为第一个采访红区的西方记者。回到北平后，发表大量通讯报道。1937 年在英国伦敦出版了《西行漫记》。此书问世便轰动世界，连续再版 7 次。中文译本出版后，在中国同样产生巨大反响，许多进步青年因为读了《西行漫记》，纷纷走上革命道路。

无论是个别采访，还是参加记者招待会、新闻发布会，提问总是第一环节。不会提问的记者不是好记者，不善于提问的记者挖掘不到好消息。正所谓"涉深水者得蛟龙，涉池者得鱼虾"。

提问要入乡随俗，要有亲和力，要切题、入情、引起听众共鸣。新闻发布会需要提问，个别采访也需要提问。采访是写作基础，注意区分采访与调研是有所不同的，要明确采访目的，确立新闻主题，做好采访提纲。在采访过程中，眼、耳、手、鼻、口、腿、大脑并用，想得深些、远些，不浅尝辄止，有写作意识、发表意识。在谈话中注意礼节，学一点肢体语言。这些，经过反复训练是完全可以做到的。

有些初出茅庐的记者到一个单位去采访，往往会问这样一个问题："你们这里有什么新闻？"这就显得比较嫩，比较幼稚。新闻要靠发现，要靠挖掘，吃别人嚼过的馍没有味道。

加深对新闻的理解，就要努力掌握独家线索，有了第一手资料，就使记者在采访中掌握了写新闻的主动权。新闻线索多，便成了"富"记者；新闻线索少，便成了"穷"记者。这里不是指收入多少，而是指稿件内容与质量。

发现新闻线索的途径有哪些呢？

会议、文件、简报、领导谈话、群众反映、报刊、电视、广播、网络媒体、热线电话、重大节日，以及通过闲谈或主动发现的线索，等等。

曾任新华社社长的穆青认为，新闻工作者要"不断从群众中发现和捕捉先进人物，弘扬他们的先进思想和模范事迹，努力为人民提供一些精神滋养和前进动力"①。他坚守新闻阵地60年,通过多种途径把握新闻线索,深入一线,深入群众,实地采访,写出了《县委书记的榜样——焦裕禄》《为了周总理的嘱托——记农民科学家吴吉昌》《铁人王进喜》等名篇,鼓舞和激励着一代又一代人。

---

① 王灿发:《从穆青谈当代新闻工作者的社会责任担当》,《新闻爱好者》2014年第9期,第16-18页。

第二节　新闻报道的选题方法

选题直接影响到新闻报道的新闻价值。只有选取具有新闻价值的选题，才能吸引公众的关注，传递有用的信息。选题还可以反映社会问题和现实情况。只有选取具有社会意义的选题，才能更好地反映社会现象和社会问题，引起公众的关注和思考。选题是新闻报道的重要组成部分，选题是否恰当直接关系到新闻报道的质量和价值。因此，选题应该严谨、科学、合理，符合新闻报道的要求和标准。

一、新闻选题

新闻选题是新闻制作中最基础、最关键的环节。在诸多的新闻事件中，采编人员要进行斟酌和考量，进行有效的选择、立题。好的新闻选题，要在符合客观真实性的前提条件下，给读者带来正能量，要在一定程度上反映社会发展的现实状态，要跟上时代发展的步伐。新闻选题是记者采访前期准备的重要过程，它是在给作品定主题。做新闻的人都会有这样的共识，新闻的选题选好了，作品基本就成功了一大半。所以，只有确定了好的选题，才能创作更好的作品。

（一）坚持原创

在新闻报道中，坚持原创选题是非常重要的。原创选题一般是新的信息和独家报道，能吸引读者和观众的注意力。这样的报道往往能够引发公众的兴趣和讨论，提升新闻媒体的声誉和竞争力。通过原创选题，新闻媒体可以挖掘和报道那些尚未被其他媒体广泛报道的内容。这样的报道往往具有更高的信息价值和深度，提供更全面和细致的报道，满足公众深入了解事实的需求。

坚持原创选题可以增强新闻媒体的可信度和公信力。原创选题可以帮助新闻

第二章　融媒体时代的新闻采编工作

媒体树立良好的信任基础。公众倾向于相信那些能够提供独特、可靠信息的媒体，而原创报道是建立这种信任的重要途径。然而，需要注意的是，原创选题并不意味着排斥非原创的报道。新闻报道往往是一个相互参考和互补的过程，不同媒体之间的合作和交流也是重要的。在坚持原创选题的同时，新闻媒体也应该注重信息的真实性、客观性和多样性，以确保公众获得全面、准确的信息。在选择原创选题时，关键是保持敏锐的观察力、广泛的信息收集渠道和良好的新闻判断力。同时，要注重选题的新颖性、公共利益性和新闻价值，确保选题能够满足读者和观众的需求，并为新闻报道带来独特性和竞争力。

（二）责任感

要想脚踏实地做出好的原创内容，就需要媒体人带着真心和真情，真正用心地去经营自己的作品。同时，也要真正能吃苦，能坚持，媒体人没有表面上看上去那么光鲜亮丽，媒体人也不能只吃得了甜却受不了苦。真正优秀的媒体人永远都是奔走在第一线，从生活中去发现选题，并且踏踏实实做好，才能创作出好作品。

责任是《沂蒙晚报》20年来进步的不竭动力，她始终把责任牢牢扛在肩上，用担当书写了20年壮丽篇章。就业是最大的民生。人民群众的家庭收入、生活质量、幸福指数都与就业有关。让政府出台的就业政策第一时间传递给群众，使群众根据最新政策，及时调整对策、申领补贴补助、招工引智等，《沂蒙晚报》作为临沂市的主流媒体，受众面广，影响面大，始终牢记初心使命，勇担责任。为此，记者主动联系业务部门，询问最新政策动态，有新出台需要公开宣传的政策，记者会根据政策内容和不同的受众群体，主动帮助业务部门策划政策宣传的形式，以便让群众更便捷、更高效、快餐式地了解掌握最新信息。

（三）导向优先

在融媒体时代，传播内容尤其微信点击量的数据实时透明化，很多媒体将点击量奉为好内容的评判标准，久而久之，为了单纯追求数据第一，导向意识渐渐偏离。媒体人要理性面对平台透明化数据，客观分析点击量、转发量等数据，不做被数据绑架的新闻人。同时，利用互动属性，关心粉丝真正需要的内容。

二、选题的标准

新闻价值是评判选题可行性的重要客观标准，它是选题所具有的特殊素质的总和，足以构成新闻选题的基础。评判一个选题是否具有新闻价值，主要考虑以下几个要素。

新鲜性：这是新闻价值的首要因素。选题中包含的事实发生的时间离报道时间越近，选题内容越新鲜，新闻价值就越大。

重要性：选题内容能引起广大受众的关注，并对社会产生较大的影响。这样的选题能够准确体现党和国家的方针政策，表达人民群众的愿望和呼声，对更多人的生活产生影响，给人以启示。

知名性：选题内容涉及与众不同、超出一般的人物、地点或事件。例如，涉及知名人物、著名地点或具有较大影响力的事件等。这样的选题能够吸引更多受众的关注，使受众产生亲近感。

新闻选题是记者采访前期准备的重要过程，它是在给作品定主题。做新闻的人都会有这样的共识，新闻的选题选好了，作品基本就成功了一大半。所以只有确定了好的选题，才能创作出更多更好的作品。新媒体时代，人人都有麦克风，自媒体人越来越多，竞争的激烈可能导致部分媒体人对流量妥协，从而背离媒体初衷，沦为娱乐和利益的附庸。当前，媒体人如何利用新媒体属性，充分发挥其社会责任，创作出更多形式多样、内容鲜活、充满正能量且富有时代气息的好作品，是值得媒体人在选题之初就亟须探讨和实践的课题。

三、新闻报道的选题方法

新闻报道的选题方法是一个非常重要的环节，它决定了新闻报道的内容和角度。以下是一些常见的选题方法。

新闻价值：选取具有一定新闻价值的事件或话题，如突发事件、社会热点、重大政治经济事件等。新闻价值是评判一个话题是否适合报道的关键因素,通常以其对公众的影响程度、社会关注度和新闻价值程度来衡量。

时效性:选择与当前时间紧密相关的话题。这些话题可能是当天发生的新闻事件、热门话题或近期发生的重大事件等。时效性的选题能够吸引更多读者的关注,增加新闻报道的热度。

公众关切度:选择与公众普遍关心的问题相关的话题。这些问题可能是社会民生、环境保护、健康教育等方面的热点问题,能够引发广泛的共鸣和讨论。

独家新闻:选择具有独家性的报道话题,即其他媒体尚未报道或报道较少的内容。这种选题能够提供独特的信息和视角,增加报道的竞争优势。

多角度报道:选择一个话题,从多个角度进行深入地报道和分析。这种选题方法能够帮助读者全面了解一个话题,提供更多的信息和观点。

人物故事:选择一个有代表性或影响力的人物,通过他们的故事来反映一个特定话题或事件。人物故事往往能够引起读者的共鸣,并且更富有情感吸引力。

系列报道:选择一个大型的调查性报道项目,通过连续的报道展示一个问题的不同方面或发展过程。这种选题方法能够提供更加系统和全面的报道。

以上是新闻报道选题的一些常见方法,选题的选择应当结合实际情况和读者需求进行综合考虑。

在《沂蒙晚报》的"身边30年"的选题中,笔者选择了"通讯发展让世界越来越小"这个角度,展现了从鸿雁传书到"有事Q我"的巨大变化。文章展示了通信技术在过去三十年中所发生的巨大变化,并探讨了这些变化对于人们生活和社会发展的深远影响。从历史的角度出发,回顾了从鸿雁传书到"有事Q我"的通讯方式的演变历程,展示了通信技术的发展所带来的巨大变化。我们深入探讨了移动互联网、5G技术、人工智能等前沿技术的应用和发展趋势,并展示了这些技术对于人们生活和工作的深刻影响。

通过这篇文章,我们希望向读者展示通信技术的前沿和应用,同时也希望唤起读者对于科技创新、信息化建设等问题的关注和关心。我们相信，只有通过深入地报道和分析，才能更好地让读者了解和认识这些复杂的技术和社会现象，从而更好地适应和应对未来的发展。

第二章 融媒体时代的新闻采编工作

第三节 发现新闻线索的途径

新闻线索也被称为采访线索或报道线索，它是指已经或即将发生的新闻事实所发出的信号。它是一种提示新闻记者去寻找新闻的方向和线索的信息。然而，新闻线索并不等同于完整的新闻事实，它只是记者挖掘新闻题材的一种依据。相比之下，新闻线索相对简短，要素不完整，没有完整的事物全貌和完整的过程，通常只是一个片段或概述。

换句话说，新闻线索是指已经或即将发生的新闻事实所发出的信号，它为新闻记者提供了发掘新闻的方向和线索。然而，新闻线索并不是完整的新闻事实，它只是记者获取新闻素材的一种依据。记者需要通过进一步的调查和深入报道来完善和扩展新闻线索，以呈现出完整、准确的新闻报道。

一、新闻线索的特点

新闻线索的发现及价值判断往往和新闻工作者的新闻敏感息息相关。获取新闻线索的渠道一般包括记者挖掘和来自基层通讯员、受众、党政机关的提供等。

新闻线索以某种客观事实为基础；表现形式为不完整的，零碎的；可信度小，变动性大，需要记者深入挖掘和了解。它的作用包括触发记者的新闻敏感；指明采访的去向；决定报道的质量。运用新闻线索时应注意验证，不应顺藤摸瓜；尊重规律，不应拔苗助长；讲究时宜，不大材小用；合理安排，不齐头并进。

二、发现新闻线索的途径

发现新闻线索是新闻从业者的一项重要技能。以下是一些寻找新闻线索的常见途径。

事件观察：通过关注日常生活和社会事件，观察是否有与公众关切度相关的新闻线索。这可以包括观察社交媒体、新闻报道、公告栏等渠道，以及与人们互动、参加活动时的观察。

调研和调查：主动进行相关调研和调查，寻找潜在的新闻线索。包括采访当事人、专家学者、社群组织或参观地点等，以了解他们的见解、经验和观点。

网络资源：利用互联网和在线平台来寻找新闻线索。包括社交媒体、新闻聚合网站、专业论坛、博客、在线评论等。在这些平台上，人们经常分享自己的故事和观点，可能涉及潜在的新闻线索。

新闻稿和新闻发布会：定期关注政府部门、组织机构、企业、学术机构等发布的新闻稿和召开的新闻发布会。记者可能从他们的最新动态和活动中找到新闻线索。

数据分析和研究报告：关注各类数据分析和研究报告，寻找其中可能具有新闻价值的信息。这些报告通常来自政府部门、研究机构、市场调查公司等，可以揭示出社会问题、趋势、变化等。

线人和消息来源：与业界人士、政府官员、专家学者、社区工作者等建立良好的联系，他们可能是重要的线人和消息来源。通过定期交流和互动，可以获得一手信息和潜在的新闻线索。

合作和分享：与其他新闻从业者、记者或编辑建立合作关系，分享资源和线索。这种合作可以通过参加新闻工作坊、行业会议、职业关系网等方式促成。

以上是一些发现新闻线索的常见途径，新闻从业者需要保持敏锐的观察力和广泛的信息渠道，不断积累经验和拓宽视野，以便捕捉到更多有价值的新闻线索。

在《沂蒙晚报》采写民生新闻的过程中，通过市民热线、网络资源、通讯员爆料，笔者每天都能找到新闻线索。《车辆占据人行横道》《为揽生意路边宰羊》《谁敢说"话"我就对谁不客气》等报道就是通过这些新闻线索写出来的。在《车辆占据人行横道》这篇报道中，我们关注到城市道路交通秩序的问题，通过调查

第二章 融媒体时代的新闻采编工作

和采访,揭示了一些驾驶员和行人的不文明行为,呼吁公众加强道路交通法规的宣传和执行,为市民提供更加安全和便利的交通环境。在《为揽生意路边宰羊》这篇报道中,我们关注到市场监管的问题,通过调查和采访,揭示了一些商贩为了谋求不正当利益,违反相关法规和规定,占道经营的现象。我们呼吁公众加强对市场监管的关注和监督,为保护市场秩序和消费者权益做出更多的努力。

通过这些报道,我们向公众展示了新闻媒体的社会责任和使命,在提供新闻信息的同时,也希望能够引起公众对于社会问题的关注和思考,为社会的和谐稳定和人民的美好生活做出贡献。

第四节 新闻写作的基本要求

新闻写作是一种专业的写作形式，具有一些基本要求，以确保新闻的准确性、客观性和可读性。以下是新闻写作的一些基本要求。

准确性：新闻报道应该准确地反映事实，避免出现错误或虚假的信息。记者需要进行充分的调查和核实，依靠可信的信息来源来确保报道的准确性。

客观性：新闻报道应该客观中立，不带个人偏见。记者应该坚守客观原则，尽量避免主观评价和情感色彩，以便读者能够独立思考和判断。

简明扼要：新闻报道应该简洁明了，用简单清晰的语言表达要点。避免冗长的句子和复杂的词汇，使用常用词汇和简洁的句式，以增加读者的理解和接受程度。

结构完整：新闻报道应该包含基本的新闻要素，即标题、导语、主体和结尾。标题应准确概括新闻内容，导语应简明扼要地介绍要点，主体部分应详细展开事实和背景，结尾应进行总结或引发思考。

角度独特：新闻报道应该具有独特的角度和视角，以吸引读者的注意力。记者可以通过深入调研、采访多个来源和对事件进行分析，挖掘出与众不同的报道角度。

新闻伦理：新闻报道应遵守新闻伦理原则，尊重个人隐私，不歧视任何群体，避免诽谤和造谣。记者应确保消息来源的安全性和保密性，确保报道的合法合规。

文字表达：新闻报道应具备良好的文字表达能力，包括逻辑清晰、表达准确、语法规范等。记者需要注重语言的准确性和流畅性，以便让读者更好地理解和接受报道内容。

以上是新闻写作的基本要求，记者和新闻从业者需要在实践中不断提高自己的写作技巧和专业素养，以确保新闻报道的质量和影响力。

第五节　把稿件写得有血有肉

要让稿件写得有血有肉，吸引读者的注意力并产生共鸣，可以尝试以下几种方法。

采用生动的语言：使用形象、贴切和生动的词汇，能够让读者更好地感受到故事中所描绘的场景和人物情感。避免平淡的描写和抽象的词语，而是注重细节，通过具体的描述来吸引读者。

添加个人情感和经历：在报道中加入记者自己的观察、感受和经历，能够增加稿件的人情味和真实感。

引用生活案例：通过引用生活中的真实案例或故事，能够让报道更具现实感和情感共鸣。这样的案例可以是个人的成长经历、社会事件的影响或普通人的努力与奋斗，能够让读者更好地理解和关注报道的主题。

结合专业分析和专家观点：除了生动的故事，也可以结合专业分析和专家观点，给予读者更深入且全面的理解。通过对问题的分析和解读，加上权威人士的观点，能够丰富报道的内容，使之更有说服力和可信度。

运用修辞手法：在写作时可以尝试使用一些修辞手法，如比喻、拟人、排比等，以提升文采和情感表达效果。适度的修辞可以让报道更具有感染力，吸引读者的关注并引发共鸣。

突出独特角度和视角：在报道中突出独特的角度和视角，从与众不同的角度去讲述故事或分析问题。这样能够吸引读者的兴趣，让他们对报道产生新的思考和洞察。

第二章 融媒体时代的新闻采编工作

在稿件写作过程中,要保持专业性和客观性,避免夸张和虚构,确保信息准确和真实。同时,要根据不同的报道主题和读者需求,灵活运用上述方法,将个性和创意融入稿件中,使其更加有血有肉,更具吸引力和影响力。

在《堵路如何变通途?》(载于《沂蒙晚报》2008年5月12日),这篇调查性报道占据整版,整篇文章写得有血有肉,能吸引读者的注意力并产生共鸣。首先,加入记者自己在堵车中的观察和感受,使用生动的语言描述交通堵塞的场景和人物情感。通过形象、贴切和生动的词汇来描绘交通拥堵的画面,让读者能够感受到堵车带来的压力和不便。适度地使用比喻、拟人、排比等修辞手法,以增强文采和情感表达效果。其次,通过引用真实的生活案例或故事来说明交通堵塞对人们生活的影响,并在报道中加入交通专家的分析和观点,通过他们的专业解读来给予读者更深入的理解。这增加了报道的可信度和说服力。还在报道中挖掘独特的角度和视角,从不同的角度去讲述交通堵塞的问题,或提供一些新颖的解决方案。这引起了读者的兴趣,让他们对报道产生了新的思考和洞察。

第三章
融媒体时代的新媒体写作

近年来,新媒体平台遍地开花,在融媒体背景下,传统的新闻写作模式逐渐凸显出诸多不适应性,想要新闻写作与时俱进,媒体人必须明确新闻写作的转型方向以及需要坚守的信条,进而优化传统的新闻写作模式,深度彰显新闻价值。

新闻报道是对新近发生和正在发生的事件的报道,具有实时性和动态性的特征。随着信息技术的不断进步,新闻传播的途径越来越多,传播速度也越来越快,观众对于新闻的需求也越来越多样化。因此,新闻写作需要与时俱进,与当前的时代背景更好地融合,深入探讨和研究出符合时代发展和特点的新闻写作模式。

为了适应融媒体时代的发展趋势,传统媒体和新媒体需要进行深度融合,通过多元化的媒体形式和多渠道的传播方式,提高新闻报道的引导力、传播力、影响力和公信力。此外,新闻传播工作者还需要关注观众的需求,为观众提供更深入、更全面、受众多样的报道,留有与大众互动的空间,以满足受众的需求。

目前,我国的新闻媒体正在向网络媒体方向转型发展,很多新媒体平台已经得到了民众的广泛关注,但如何满足民众们的需求和符合大众的审美,仍然是新闻工作者需要思考的问题。因此,新闻传播工作者需要立足于当前的发展形势,不断提高自己的写作水平,创新写作的内容,报道出大众所需要的新闻,以适应时代的发展需求。

在当前的时代背景下,新闻传播工作者需要不断提高自己的写作水平和创新能力,以满足受众的需求。在新闻报道中,除了传递事件本身的信息外,更需要关注事件的背景、影响和可能的后续发展,以满足受众对于新闻更深入、更全面的了解需求。同时,也需要注意新闻报道的真实性和客观性,以维护新闻的公信力。在媒体形式方面,多元化已经成为不可避免的趋势。传统媒体和新媒体需要进行深度融合,以形成更加完备和灵活的传播方式。此外,也需要关注微信公众号等新兴媒体平台的发展,以适应受众更加多样化的需求。

第三章　融媒体时代的新媒体写作

第一节　融媒体时代的含义与特征

融媒体的发展对传统媒体新闻传播方式和新闻写作模式带来了冲击，传统新闻写作模式面临着困境。然而，这也给传统媒体新闻写作模式的优化提供了机遇。在融媒体时代，传统媒体新闻写作模式需要进行优化，才能更好地适应时代的发展需求，提高新闻报道的质量和受众满意度。

一、融媒体的内涵

融媒体是一种全新的媒体运作模式，以信息技术为支撑，通过整合新闻制作和发布的各个环节，并将多种传播形态融为一体。它将广播、电视、报纸、网络等不同媒体进行全面整合，实现资源、内容、宣传和利益的共融。

融媒体利用文字、声音、影像、动画、网页等多种媒体表现手段，借助广播、电视、音像、电影、出版、报纸、杂志、网站等不同媒介形态，通过融合广播电视网络、电信网络和互联网进行传播。最终目标是实现用户可以通过电视、电脑、手机等多种终端来接收信息，无论任何人、任何时间、任何地点，都可以以任何终端获取所需的信息。

融媒体的出现使新闻的传播方式更加多样化和灵活，也为用户提供了更多的选择和便利性。它打破了传统媒体之间的界限，为新闻传播带来了更多的可能性和潜力。同时，融媒体也对新闻行业的从业者提出了更高的要求，需要他们具备跨媒体的思维和技能，以适应快速变化的媒体环境和需求。

资源通融、宣传互融和利益共融是融媒体的发展理念。资源通融是指将各种大众传播形态中的人力和物力资源进行整合的过程。通过设立融媒体采编中心等措施，实现不同媒体间的资源共享，提升新闻稿件的原创能力和质量。宣传互融是在不同的传媒形态之间建立互补关系。新闻稿件可以在纸质报刊、电子版、新媒体平台等多个渠道同步发布，以取得"1+1＞2"的宣传效果，扩大新闻的传播范围和影响力。利益共融是指融媒体体系中的各个媒体机构共同分享经济效益和社会效益。通过融媒体的整合，媒体机构可以增强自身或所创报刊的社会影响力，扩大受众群体的数量，并从中获得经济上的收益。这些发展理念体现了融媒体的核心价值和目标，即整合资源、提升宣传效果、实现利益共享，以推动新闻传播的创新和发展。

融媒体时代，创新才能创造生命力，创新意味着变化万千，创新意味着推陈出新。但不变的依然是以"内容"为中心，以"用户"与"服务"为基础。融媒体时代的创新，除了理念上的创新之外，还有一系列的模式创新。融媒体带来的绝对是"你中有我、我中有你、不分你我"的全媒体趋势。

二、融媒体的特征

融媒体是将传统媒体形式和新媒体技术相结合的产物，可以充分发挥两者的优势，提高信息传播的效率和质量。传统媒体形式主要包括广播、电视、报纸等，具有信息传播面广、可信度高等特点；而新媒体则通过互联网技术将信息传递更加快速、便捷，且可以实现定制化服务。融媒体将两者相结合，可以在传统媒体的基础上加入新媒体的技术手段，实现信息的多元化、互动性和个性化，从而更好地满足受众的需求。

另外，融媒体不仅是内容和服务的结合，也是对传统媒体平台的升级和转型。通过融合多种传播形式和技术手段，融媒体可以扩大传播覆盖面，实现信息的多终端传播，满足受众的多样化需求。同时，融媒体也可以通过大数据分析等技术手段，深入挖掘用户需求，提供更加精准的服务，从而增加用户黏性和忠诚度。总之，融媒体是传统媒体和新媒体的协同融合，是传统媒体转型升级的必然趋势。

第三章　融媒体时代的新媒体写作

融媒体运作模式是一种以信息技术为支撑，将不同传播形态进行整合、融合的全新媒体模式，旨在打破传统传媒形态的壁垒，实现资源共享、内容兼容、宣传互补、利益共享的目标。融媒体运作模式的实施可以促进媒体之间的合作与共赢，提升整体媒体行业的竞争力和创新能力。同时，也为用户提供更丰富、多样的选择，满足他们的不同信息需求。然而，融媒体运作模式也面临着技术整合、内容质量控制、商业模式创新等方面的挑战，需要媒体机构不断探索和创新，以适应快速变化的媒体环境。

（一）全时在线

融媒体作为新型媒体模式，具有许多优势。其中，最显著的优势之一就是时间和空间的自由性。传统媒体受制于时间和空间的限制，只能在特定的时间和地点发布新闻，而融媒体则可以随时随地发布新闻，并且受众可以根据自己的需求和习惯来选择接收渠道，从而实现信息的无缝传递。

融媒体还具有交互联动的优势。通过互联网技术和社交媒体等平台，受众可以直接参与到新闻报道中，通过评论、留言等方式与媒体进行互动，表达自己的观点和意见，从而实现信息的双向传播。

此外，融媒体还可以满足个性化需求。通过运用大数据分析等技术手段，融媒体可以对庞大的受众群体进行分析和划分，根据不同的群体特征和需求，确定报道风格和内容，从而更好地满足受众的个性化需求，提高受众的满意度。

（二）信息时效性更强

融媒体时代的新闻报道最大的优势之一就是即时性。在融媒体背景下，每个人都可以成为新闻发布者，可以通过多种渠道发布新闻，打破了传统新闻发布的时空局限。客户端、微信、微博等平台的兴起，进一步加强了新闻发布的即时性和全面性，同时也提高了受众的新闻获取效率。

在融媒体时代，信息的发布趋势逐渐向着时效性更强的方向发展。新闻发布者和受众都希望获取最新、最快的信息，以满足自己的需求。因此，融媒体时代的新闻报道更加注重及时性和全面性,力求将最新、最快的信息传递给受众,满足他们的新闻收视需求。融媒体时代的新闻报道具有即时性和全面性等优势,这也是融媒体时代新闻报道的主要发展方向。新闻发布者和受众都需要适应这一变化,通过多种方式获取和传递信息,从而更好地满足新闻需求,推动媒体行业的发展。

(三)信息多角度传播

在融媒体时代,随着数字技术和信息互联网技术的不断发展,信息发布呈现出分散化的趋势。同一个信息可以以不同的方式进行解读和传播,这促使新闻内容呈现多角度传播的态势。传统媒体的线性传播模式被打破,受众可以通过多个渠道和平台获取信息,并参与信息的传播和互动。

此外,新媒体提供了多种发布方式,包括图像、文字、短视频等形式。不同的评论、分析和解读可以以多样化的形式发布,这为受众提供了更多选择的机会。受众可以根据个人喜好和需求选择他们感兴趣的内容形式和观点。

新媒体还具有深度链接和海量复制的特性。深度链接可以将不同的内容相互关联,使受众在阅读一篇文章或观看一段视频时能够方便地跳转到相关内容,获得更加全面和深入的信息。海量复制意味着信息可以在短时间内迅速传播和复制,使更多的人能够接触到信息,扩大了信息的外延度和拓展度。

总的来说,融媒体时代的发展使得信息的传播更加多样化和便利化。受众可以通过不同的渠道和形式获取信息,参与信息的传播和互动。这也给了受众更多的选择机会,并且使他们能够获得更加全面和深入的信息内容。

深度链接可以将不同的信息内容相互关联,形成更加完整、全面的信息网络;海量复制则可以将信息内容快速传播到各个角落,提高信息的影响力和传播效率。这些特点使得新媒体的新闻报道更具有多样性、全面性和深度性,同时也为受众提供了更加丰富、全面的信息选择,让受众更能够掌握世界的变化和发展,从而更好地参与社会生活和建设。

第三章　融媒体时代的新媒体写作

（四）信息互动双面性

在传统媒体时代，受众与媒体的互动主要是单向的，媒体通过自己的渠道向受众传递信息，受众只能被动地接收和消化这些信息。而在融媒体时代，受众可以通过多种渠道与媒体进行互动，包括评论、点赞、分享、转发等方式，这增强了受众的参与度，使受众的自我表达需求得到了满足。

另外，融媒体时代的信息传播也更加多元化和自由化。受众不仅可以获取媒体传递的信息，还可以通过转发或再加工的方式将这些信息传播给更多的人，从而扩大信息的传播范围和影响力。这种方式不仅能够让受众更好地参与到信息传播中，还能够加强媒体与受众之间的交流，真正凸显出当前融媒体时代信息传播的价值。融媒体时代的信息传播具有更加多元化、自由化和交互性的特点，这为受众提供了更多的选择和表达机会，同时也增强了媒体与受众之间的互动和交流，从而实现信息的双向传播和共享，这是传统媒体所无法比拟的优势。

（五）信息形式多元化

在融媒体时代，随着数字技术和信息互联网技术的不断发展，音、形、影等多种媒介的融合，为新闻信息的呈现提供了更加丰富、立体、形象的方式。这种多媒体的形式将文字、图像、音频、视频等多种媒介进行有机结合，从而使新闻内容更具有画面感和体验感。

采用多媒体形式的新闻报道，能够给受众带来更加直观、生动、形象的信息呈现体验，从而使受众产生美的享受，使信息更易于被接受和传播。通过多媒体形式的呈现，新闻内容不仅能够更加生动形象地传达给受众，还能够提高受众对信息的理解和记忆效果，从而增强新闻传播的效果和影响力。

融媒体的发展使得新闻信息可以以直观、立体、形象化的方式呈现给受众。通过音频、图像、视频等多种媒介的综合运用，新闻报道能够拥有丰富多样的画面效果，给受众带来视听上的享受。这种直观、立体、形象化的报道方式能够激发受众的兴趣和好奇心，提高他们的参与度和接受度。相比传统的纯文字报道，融媒体时代的报道更具有吸引力和感染力,能够更好地触发受众的情感和认知。

此外,直观、立体、形象化的报道方式也更容易在受众之间进行传播。图像和视频等形式更富有感染力,能够更好地引起受众的关注和分享,进而扩大信息的影响范围。因此,融媒体时代的新闻报道以直观、立体、形象化的方式呈现,为受众带来美的享受,并且更易于受众的接受和传播。这一趋势也促使新闻媒体在内容制作和呈现上不断创新和发展,以满足受众对多样化、丰富化的新闻体验的需求。

第三章　融媒体时代的新媒体写作

第二节　新媒体写作的技巧

一、拓展新闻资源

在融媒体时代，新闻内容的质量和多样性成为媒体竞争的重要因素。为了保证新闻内容的质量和真实性，新闻工作者需要注重拓展新闻资源，整合社会资源，从众多信息中筛选出最有价值的新闻内容，并探索构建社会化新闻生产的道路。同时，新闻工作者还要注重事件报道的全面性，使受众能够从多个角度了解事件，提高新闻报道的广度和深度。

随着媒体竞争的加剧，新闻工作者需要注重不断拓展新的报道方式和内容形式，以吸引受众的关注。在新闻事件的报道中，新闻工作者要注重全面性和深度性，同时还要注意把握报道的节奏和速度，及时准确地传递最新的信息。在新闻报道的过程中，新闻工作者还要注重利用网络资源将相关信息聚合，为受众提供更加全面、深入的报道。融媒体时代的新闻写作需要注重拓展新闻资源、丰富新闻内容，也要注重事件报道的全面性和深度性，还要利用网络资源将相关信息聚合，从而提高新闻报道的质量和影响力。

二、丰富表现形式和语言

新媒体的发展为新闻写作带来了更多的便利条件，同时也要求新闻工作者掌握更多的写作技巧，以适应新媒体环境下的写作需求。以下是一些适应新媒体环境的新闻写作技巧。

创新编排方式：新媒体环境下，图文并茂、文字与音视频相结合的方式成为了常见的新闻编排方式。新闻工作者可以通过添加直观、与新闻主题有强关联性的图片、音视频等元素，让新闻内容更加生动、直观，更吸引受众的注意力。同时，新闻工作者还可以尝试使用漫画等形式来呈现新闻事件，让受众更容易理解和接受。

丰富写作语言：新媒体环境下，受众群体的年龄、文化背景等差异较大，新闻工作者需要根据不同受众的需求来灵活运用语言，满足不同受众的诉求，提高新闻传播的效果和影响力。同时，新闻工作者还要注意维持语言规范和权威性，避免过度使用口语化的语言，以免影响新闻的权威性和可信度。

新媒体环境下的新闻写作需要创新编排方式，通过图文并茂、文字与音视频相结合的方式让新闻内容更加生动、直观，同时丰富写作语言，满足不同受众的需求，提高新闻传播的效果和影响力。

三、重视动态报道

在新闻报道中，时效性和真实性是非常重要的因素。对于持续性的新闻事件，新闻工作者需要采取动态报道的方式，及时更新新闻动态，让受众可以接收到最新消息，保证新闻的时效性和价值。同时，在撰写多篇相同主题、同一事件的新闻稿件时，新闻工作者需要按照简明扼要的要求，合理规划各稿件的侧重点与切入角度，强调通过精炼的叙述来概括事件起因经过，做到文字简洁利落、内容集中精炼，提高受众的阅读兴趣和阅读体验。

此外，新闻工作者还应该学会利用各种新闻工具和技术，如实时更新、推送通知等，更好地满足受众的需求，提高新闻报道的时效性和可读性。在动态报道的过程中，新闻工作者也需要保持对新闻事件的敏感度和专业判断力，及时把握事件的发展趋势和重要变化，做到新闻动态报道的及时、准确和全面。

四、优选角度和凸显要素

在融媒体环境下的新闻写作中，新闻工作者需要注意选择切入角度、深化内容可读性、精炼新闻语句三方面技巧，以提高新闻的质量和可读性。在选择切入角度方面，新闻工作者需要根据新闻事件类型选择恰当的角度，以避免新闻篇幅冗长、内容刻板等问题，并增加报道深度和提高可读性。同时，新闻工作者还可以采用多种方式，如以小见大、联系旧闻、提升高度等方式，来挖掘、表现已发生或正在发生的新闻事件，从而引导受众更好地理解和接受。

在深化内容可读性方面，新闻工作者需要按照时间顺序或事件发展顺序来交代新闻事件过程，以确保新闻事件的脉络清晰、有始有终，同时尽量使用短小精炼的语句，避免冗长和复杂，从而提高受众的阅读体验和接受程度。另外，新闻工作者还可以通过合理规划新闻结构、采用生动形象的语言、强调新闻的时效性和可信性等方式，来提高新闻的质量和可读性，使新闻更具吸引力和影响力。

2009年，《沂蒙晚报》推出"沂蒙记忆 我身边的平民英雄"这一专栏。笔者采写了占地县的卫生员李某，并形成了人物通讯《零下40度穿着单鞋上前线》。这篇人物通讯讲述了李某在医疗队伍中担任着重要的角色。发生某次传染病疫情时，李某和他的同事们冒着严寒和危险，穿着单鞋上前线，为病人们提供急救和救治，用实际行动践行着他们的职责和使命。

这篇人物通讯的结构非常合理，按照时间顺序交代了李某在这次疫情中的表现，让读者能够清晰地了解事件的发展过程和主人公的行动轨迹。同时，人物通讯的语言生动形象，通过描写细节和情感，让读者更加深入地了解李某的故事和人物形象。这样的呈现方式不仅提高了新闻的可读性和接受程度，也更容易引起读者的共鸣。这样的新闻报道不仅具有娱乐性和吸引力，还具有教育和启发作用，让读者从中汲取力量和智慧，提升自我。

新闻工作者需要通过合理规划结构、生动形象的语言、时效性和可信性等方式来提高新闻的质量和可读性，让读者更好地了解新闻事件和人物形象，从而提高阅读体验和接受程度。这样的新闻报道不仅能够传递信息和情感，还能够启迪和引导读者，成为人们生活中不可或缺的重要组成部分。

五、重视互动写作

在融媒体背景下，提高用户的参与度对于新闻工作者来说是一个非常重要的发展趋势。新闻工作者需要树立互动意识，将单向传播转变为双向传播，以激发用户的阅读兴趣和提高其参与度。为了实现这一目标，新闻工作者可以选择在新媒体平台增设互动写作模块，并及时为用户解答疑问，根据用户提出的问题，多角度解读新闻事件，方便用户了解新闻事件的走向。同时，新闻工作者还可以在新媒体平台上不定期开展热点在线调查和票选活动，了解多数用户对新闻的关注点，并根据用户的阅读喜好来撰写稿件，提高用户的参与度和阅读体验。

除此之外，新闻工作者还应该体现新闻写作过程的动态性，在首篇新闻稿件中简单陈述事件起源或经过，后续根据用户的关注方向来撰写稿件，持续深挖新闻事件真相并报道后续结果，从而吸引更多用户的关注和参与。新闻工作者需要树立互动意识，将单向传播转变为双向传播，以提高用户的参与度和阅读体验，从而实现更好的新闻传播效果和社会影响。

六、强化超文本写作

超文本写作形式的应用使得新闻稿件更加多样化和丰富化，能够更好地吸引受众的注意力和提高受众的参与度。在超文本写作形式中，新闻工作者可以搭配使用文字、声音、图片、视频等多种形式，以全方位的方式报道新闻事件，从而使得受众更加沉浸在新闻事件中，更好地理解和接受新闻。

同时，在用超文本写作形式撰写新闻稿件时，新闻工作者还应该掌握新闻素材分层要领，将新闻素材分为骨干层和枝叶层，明确各层级新闻素材的主次关系。在展开骨干层内容时，可以引入外部视频等相关信息链接，让受众更加深入地了解新闻事件的事实；在展开枝叶层内容时，可以引入外部链接来让受众更深入地了解新闻事件的背景和细节。这样可以使得新闻稿件更加丰富多彩，吸引更多受众的注意力和提高受众的参与度。

超文本写作形式的应用使得新闻稿件更加多样化和丰富化,能够更好地吸引受众的注意力和提高受众的参与度。同时,新闻工作者还需要掌握新闻素材分层要领,明确各层级新闻素材的主次关系,以便更好地展开新闻内容,让受众更好地理解和接受新闻事件。

七、创新写作思维

在融媒体背景下,新闻工作者需要转变写作观念,以突破定向思维、树立逆向思维、善用发散思维作为思维能力的创新方向,以提高新闻传播效果和社会影响力。传统的定向思维往往限制了新闻工作者对新闻事件的理解和报道。通过采用立体思维,新闻工作者可以从不同角度和维度来看待新闻事件,以获得更全面、多样的报道视角。同时,借鉴同类新闻稿件可以帮助发掘新的创作灵感,使新闻稿件更富有创意和生动性。

逆向思维要求新闻工作者从受众的角度出发,关注受众的需求和关注点,并以受众的切身利益为导向展开新闻事件的报道。这种思维方式可以使新闻稿件具备更好的针对性和可读性,更好地引起受众的兴趣和共鸣。发散思维能够帮助新闻工作者打破常规的框架,以小见大,从细节和小事件出发,逐渐引出相关的社会问题和议题。这种写作手法可以给新闻稿件带来更深度地报道,引发受众的思考和讨论,提高其影响力和社会价值。

在融媒体时代,新闻工作者需要不断创新和提升自身的写作能力,以适应快速变化的传媒环境。转变写作观念和运用创新思维是实现这一目标的关键。通过突破定向思维、树立逆向思维和善用发散思维,新闻工作者可以更好地发挥融媒体的功能,提升新闻报道的质量和影响力,满足受众的需求,并为社会提供有价值的信息和观点。

第三节 自媒体的新闻写作

自媒体平台成了一个越来越重要的信息来源。它们负责报道各种类型的新闻,从时事到科技,从商业到文化。然而,与传统媒体不同的是,自媒体平台通常缺乏真正的记者来撰写新闻。这就需要自媒体从业者学会如何在网上撰写新闻来保持读者的信任和吸引力。

一、自媒体平台如何撰写新闻

选取有价值的话题和角度。自媒体平台的目标是吸引与保留读者。为此,你需要写有价值且受欢迎的内容。选择话题是第一步。关注相关新闻事件,并使用适当的角度提供新、有趣或观点明显的信息。

坚持真实报道。虽然自媒体平台通常没有正式的编辑要审核内容,但作者必须确保他们的报道真实可靠。不要抄袭任何材料,确保给出的引用是完整和准确的。任何错误都可能损害作者的资信和自媒体平台的信誉。

使用简洁的语言和清晰的结构。虽然人们倾向于在网上阅读比在纸上阅读少,但是他们更注重阅读体验。为了解决这一问题,请使用简单和明了的语言和结构,使文本易于阅读和理解。使用段落和标题使文本清晰易读。

优化标题和摘要。自媒体平台的要求往往是最佳点击率和流量至上。在这种情况下,一个好的标题是很重要的。请尽量使标题吸引人并体现文章的关键点。摘要应该简洁而具体地概括文章,给读者简短的概述,为他们选择是否阅读提供帮助。

发布后积极推广。发文后,工作并没有结束。自媒体平台的作者需要主动地推广他们的文章以确保尽可能多的人看到。通过在社交媒体上发布链接、与同行合作写作和其他方法进行宣传。这些行动可以让你的新闻文章得到更多的曝光和社交分享。自媒体平台是一个充满机遇和挑战的领域。以正确的技能和技巧，自媒体从业人员可以写出有趣、实用、值得信赖的新闻，吸引更多的读者，促进自己的成长。

二、自媒体平台编辑应该具有的能力

（一）新闻编辑应该强化信息分析及处理能力

在融媒体时代，新闻编辑需要不断提升自身的信息分析和处理能力，以适应信息量增多、信息内容逐渐多样化的信息环境。随着融媒体时代信息的爆炸性增长，新闻编辑需要具备较强的信息分析和处理能力。他们需要能够快速筛选和甄别大量的信息，从中找到与新闻事件相关的关键信息，并将其整理和归纳。这需要编辑具备扎实的新闻素养和专业知识，能够快速、准确地判断信息的价值和可信度。

新闻编辑需要具备宏观意识，能够从大局出发，了解和把握社会、政治、经济等各个方面的发展动态和背景信息。他们需要对新闻事件的社会影响和背后的深层原因有清晰的认识和分析能力。这样才能在新闻写作中提供更全面、深入的观点和分析，使报道更具有深度和影响力。在信息泛滥的环境下，新闻编辑需要具备辨别信息真实性和可信度的能力。他们需要运用多种方法和工具，如查证资料来源、核实事实细节、对比多个信息源等，来确保所使用的信息具有准确性和可靠性。这对于新闻报道的质量和可信度至关重要，也是维护媒体公信力的重要一环。

通过加强信息分析和处理能力，正确甄别信息，新闻编辑可以在信息泛滥的环境中保持清晰的头脑，避免迷失自我。他们需要明确写作重点，并有针对性地收集和分析相关信息，以提高新闻报道的质量和效果。同时，还应具备宏观意识

和认知能力，能够从大局出发，加深对新闻事件的理解和分析，为读者提供更具深度和广度的报道。最后，保持对信息真实性和可信度的甄别能力是保证新闻报道权威性和可信度的重要保障。

新闻编辑需要具备宏观意识，从大局出发收集有效的信息，对新闻和社会大环境的认知与分析都要到位。在融媒体时代，新闻事件的发展和影响已经超越了单一的媒体范畴，新闻编辑需要从整体上把握新闻事件的发展趋势，从多个角度分析和思考事件的背景、原因和影响，从而提高新闻报道的深度和广度。

新闻编辑在融媒体时代需要不断提升自身的信息分析和处理能力，具备宏观意识从大局出发收集有效的信息，从而适应信息量增多、信息内容逐渐多样化的信息环境，提高新闻写作的质量和效果，实现融媒体时代新闻写作的顺利转型。

（二）新闻编辑应该强化融媒体资源整合能力

在融媒体时代，新闻编辑需要不断提高自身的信息整合能力，以适应海量信息的快速变化和不断涌现的新媒体平台。同时，他们需要具备利用手机将突发事件编辑成新闻内容的能力，以及为不同平台编辑新闻内容的能力，实现跨媒体传播的效果。

新闻编辑需要积极开发和利用融媒体资源平台的优势，以获取相关的资源信息。他们可以通过订阅各种新闻资讯平台、关注社交媒体、建立专业网络等方式，拓宽信息来源。同时，他们需要具备较强的资源整合能力，将来自不同渠道的信息有机整合起来，形成更全面、多角度的报道。这样可以提高新闻写作的针对性和全面性，更好地满足受众的需求。

融媒体时代要求新闻编辑具备为不同平台编辑新闻内容的能力。他们需要灵活掌握不同平台的新闻编辑规则和技巧，了解各平台的受众特点和需求，进行针对性地编辑和呈现。这意味着编辑需要具备跨越传统媒体和新媒体的能力，将新闻内容在多个平台上进行传播，实现融媒体时代新闻编辑的转型。

通过拓展资源获取渠道、增强整合能力，以及具备手机编辑和跨平台编辑的能力，新闻编辑可以更好地适应融媒体时代的要求。他们能够快速获取信息、整合资源，将新闻内容以多样化的形式呈现给受众，同时满足不同平台的需求。这样可以提高新闻编辑的专业化水平，为读者提供更全面、及时的新闻资讯，从而适应融媒体时代的发展趋势。

新闻编辑在融媒体时代需要不断提高自身的信息整合能力和专业化能力，拓展资源获取渠道，利用手机将突发事件编辑成新闻内容，为不同平台编辑新闻内容，并具有融会贯通的能力，以实现融媒体时代新闻写作的转型和跨媒体传播的效果。

（三）新闻编辑应该强化融媒体技术应用能力

在快速变化的新闻环境中，新闻编辑需要具备利用手机将突发事件编辑成新闻内容的能力。他们需要快速准确地获取信息、整合信息，并将其转化为新闻内容，以最快的速度呈现给受众。这要求编辑具备现场编辑和撰稿的能力，能够在时间紧迫的情况下迅速反应和处理。

在融媒体时代，新闻编辑需要不断提高自身的信息技术应用能力，以充分发挥信息技术在新闻写作中的作用，并提高新闻写作的效率和质量。同时，他们需要具备使用小型专业器材录制新闻素材的能力，以及剪辑等实践操作能力，以更好地满足受众收视需求和提高新闻传播效率。

新闻编辑需要充分开发融媒体时代的技术优势，掌握常用的信息技术工具和软件，如新闻采编系统、多媒体编辑软件、社交媒体等，以提高新闻写作的效率和质量。同时，他们需要了解新闻传播的多种渠道和形式，包括文字、图片、音频、视频等，以便更好地满足受众的需求和提高新闻传播效率。

新闻编辑需要具备使用小型专业器材录制新闻素材的能力，如手持摄像机、录音笔等，以便更好地获取新闻素材，提高新闻报道的新颖性和丰富性。同时，他们需要具备素材剪辑等实践操作能力，以便更好地将新闻素材制作成高质量的新闻内容，并满足不同平台和受众的需求。在融媒体时代，新闻编辑需要不断提

高自身的信息技术应用能力，掌握常用的信息技术工具和软件，了解新闻传播的多种渠道和形式，具备使用小型专业器材录制新闻素材的能力和剪辑等实践操作能力，以实现融媒体时代新闻写作的转型和提高新闻传播效率。

（四）新闻编辑应该向复合型创作者转型

在融媒体时代，新闻编辑必须由单一的文字编辑者向复合型创作者转型，以适应新闻传媒行业的发展和满足受众需求。以下是新闻编辑实现转型的五个方向。

新闻编辑需要站在读者的角度思考和写作，了解读者的兴趣偏好和心理需求，提供更加贴近受众的内容，增加新闻作品的吸引力和传播效果。

新闻编辑应积极创新写作形式，适应融媒体时代多样化的新闻表达方式。他们可以对结合文字、图像、音频、视频等多种形式的创作进行探索，提升新闻作品的多样性和互动性，实现从传统的文字编辑者向复合型创作者的转变。

新闻编辑需要具备服务新闻媒体的能力，灵活调整自己的角色，以适应传统媒体和新媒体的融合方式。他们可以积极探索适应新媒体环境的写作和编辑方式，提供多元化的新闻内容，满足受众的需求。

新闻编辑需要转变单一的服务思维，采用综合采集、交互处理、一键发送、多屏分配等原则，进行新闻内容的编辑和共享。他们可以通过整合不同来源的信息资源，以及灵活运用多种媒体平台和工具，将最有价值的新闻资讯及时传递给受众，创作符合受众需求的新闻内容。

新闻编辑可以发展成为把关型编辑，对信息进行审核和筛选，坚守媒体人的道德底线。他们需要以公正、客观的视角报道新闻，提高新闻的可信度和价值。这对于维护媒体的公信力和受众的信任至关重要。

三、新闻写作的方向

（一）新闻写作应该坚守正确的政治方向和舆论导向

在融媒体时代下新闻写作的转型过程中，应始终坚守正确的政治方向和舆论导向，这是新闻媒体的基本职责，也是新闻写作转型的重要前提。

首先，新闻编辑应深刻认识到新闻传媒是社会主义意识形态的重要载体，应该始终坚持正确的政治方向和社会舆论导向，积极传播社会主义核心价值观，引导公众正确看待国家大事、社会现象和个人行为，营造和谐稳定的社会氛围。

其次，新闻编辑应深入学习和践行习近平总书记关于新闻舆论的重要论述，把握正确的舆论导向，加强对新闻报道内容的监督和管理，确保新闻报道的真实、客观、公正，不断提高新闻报道的质量和水平，为社会提供有价值的信息资讯。

最后，新闻编辑应在守正的基础上推进创新，充分发挥融媒体时代的优势，紧跟时代潮流，创新新闻报道形式和手段，提高新闻传播的效率和质量，以适应新闻传媒行业的发展和满足受众需求。同时，也要不断提高自身的政治素养和媒体素养，加强对新闻传媒行业的理解和把握，为实现新闻媒体的良性发展和社会主义核心价值观的传播做出积极贡献。

（二）新闻写作应该坚守真实性和客观性原则

在融媒体时代下，新闻写作的转型过程中应始终坚守真实性与客观性原则，保障新闻内容的真实有效性，以增强新闻媒体的公信力和传播力。

首先，新闻编辑应该具备深度挖掘新闻素材的能力，坚持以实地考察、走访等形式采编新闻内容，并杜绝直接在其他渠道复制新闻内容的不良现象，确保新闻内容的真实性和有效性。

其次，新闻编辑应坚持传播真善美，传递正能量，通过新闻内容使受众能够发现生活中的美好，帮助受众树立正确的三观。在新闻写作中应注重新闻内容的人文关怀，通过关注社会热点和民生问题，反映社会现状和民生状况，传递温暖和正能量。

最后，新闻编辑应坚守自身的道德操守，在新闻写作中遵循职业道德规范，尊重事实真相，客观公正地报道新闻事件，杜绝虚假新闻、造假新闻、炒作新闻等不良现象，维护新闻内容的真实可靠性。同时，新闻编辑应加强自身的专业素

养和新闻伦理意识，以高度的责任感和使命感，为社会提供有价值的信息资讯，为新闻传媒事业的发展做出积极贡献。

笔者采写的《老区人民的文化新生活》刊发在《沂蒙晚报》上以后，引起强烈反响，该内容被其他上级媒体广泛转载。这份报道的成功，离不开笔者的深度挖掘和精心策划，以及对新闻内容真实性和客观性的坚守。在采写过程中，笔者深入老区，走访当地居民，关注他们的文化生活和精神追求，从而展现出老区人民的文化新生活。通过新闻报道，读者可以深入了解到老区人民的生活状况和文化追求，感受到他们的生命力和创造力，从而增强了社会的凝聚力和向心力。此外，这份报道也注重传播真善美、传递正能量，通过展示老区人民的文化新生活，传递出了积极向上的正能量和人文关怀。这样的报道不仅可以满足读者对新闻的知识需求，还可以提升读者的生活品质和精神层次，增强新闻报道的社会效益和价值。

（三）新闻写作应该注重新闻质量的提高

在融媒体时代下，新闻写作转型面临的挑战和机遇并存，新闻编辑应深刻认识到自身的专业身份和职责，坚守专业主义和高质量新闻内容的追求，同时结合用户思维、融媒体思维、交互思维等方式编辑新闻内容，以满足用户需求，提升新闻传播效率和传播质量。

首先，新闻编辑应深刻认识到自身的专业身份和职责，坚守新闻写作的专业主义和高质量新闻内容的追求，杜绝为了博取流量而不择手段的行为，保障新闻内容的真实性、客观性和公正性，增强新闻媒体的公信力和传播力。

其次，新闻编辑应结合用户思维，从用户的角度出发，关注用户兴趣和需求，创作符合用户品味的内容，提高受众的参与度和互动性。

再次，新闻编辑应结合融媒体思维，充分利用融媒体的优势，采用多媒体手段、多渠道传播等方式，创作更具完善性的新闻内容，提高新闻的传播效率和传播质量。

最后，新闻编辑应通过交互思维的方式，促进新闻与受众之间的有效互动，让受众更好地理解新闻内容并表达自身的想法，从而提高新闻的传播效率和传播质量。

在融媒体时代，由于新闻需求和受众需求的增长要求更多的多样化和创新性，传统的新闻写作模式确实面临着挑战。为了适应这一变化，新闻编辑需要积极学习和实践，转型为复合型创作者，以提升自身的能力和适应时代的发展。在新闻转型的过程中，新闻编辑必须始终坚守新闻写作的政治职责和真实性、客观性原则。他们应该注重新闻的公正、准确和全面性，避免主观偏见和不实信息的传播。同时，他们应该践行专业主义，保持独立的思考和判断能力，以增强新闻媒体的公信力和传播力。通过不断学习和实践，提升自身的能力和素养，新闻编辑可以适应融媒体时代的发展，为新闻媒体的发展和受众的需求做出积极的贡献。

第四章
融媒体时代的新闻选题与策划

在信息爆炸的时代,融媒体的兴起使得新闻传播形态发生了深刻的变革。传统的新闻选题和策划模式已经无法满足用户日益增长的多样化需求。融媒体时代,新闻选题和策划必须适应多媒体形式、用户参与和互动、数据驱动、个性化定制、故事性以及人性化等多方面的要求。

本章将深入探讨融媒体时代的新闻选题与策划,旨在帮助新闻从业者更好地适应并把握新的传播环境。我们将从多个角度出发,探讨如何利用不同媒体形式来丰富报道内容,如何引发用户的参与和互动,以及如何通过数据分析和挖掘发现潜在的热点和话题。同时,我们将探讨如何提供个性化的报道内容,满足用户的特定需求,并通过讲述有情感、有故事性的报道来增加新闻的吸引力和影响力。

融媒体时代给予了新闻从业者更多的机遇和挑战,我们需要不断探索创新选题和策划方式,以适应快速变化的媒体环境。本章将为读者提供有关融媒体时代新闻选题与策划的理论分析、实践经验和案例研究,帮助读者更好地理解和应对这一新的传播模式。相信通过对融媒体时代新闻选题与策划的深入研究,我们能够开拓全新的报道思路,提供更具创意和影响力的新闻内容,满足读者的多样化需求。

第一节　什么是新闻选题

新闻需要选题，新闻需要策划。初学者并不明白这个道理，只是照本宣科地跑会议，抄材料，发稿。殊不知，这样做新闻工作，长此以往，也难以提高水平。如果我们能亲身经历几次重要新闻的选题与策划，真心投入进去，扎扎实实写出一些好报道，这种体会与成就感是终生难忘的。为此，有志于新闻者，应当研究并运用新闻选题与策划。

随着新技术的不断发展，媒体融合已成为媒体行业的趋势，多元化、多形式的报道方式被广泛运用。在这种背景下，新闻策划在融媒体报道中的作用变得越来越关键。融媒体报道是指通过多个平台，综合运用不同的新闻形式和视角，报道同一主题的采编发布过程。这涉及多个部门、多个平台，因此做好新闻策划非常重要。通过充分了解各平台的特点，提前规划和协调，创新内容形式，分类分时发布，分析数据和反馈，可以更好地提升宣传效果，增强报道的影响力，加强主题宣传的效果。因此，做好新闻策划对于融媒体报道的成功具有重要的现实意义。

一、做好融媒体选题与策划可以实现多部门联动配合，有效整合采编资源

在融媒体环境下，新闻报道的范围越来越广泛，需要有统筹规划和整合资源的能力。新闻策划在这方面发挥了重要作用。通过确定宣传主题、联动相关部门、整合人力资源等方式，新闻策划可以提高采编发效率，避免重复采访，实现信息共享和协同工作。

第四章 融媒体时代的新闻选题与策划

举例来说,在2021年的"两会"报道中,沂蒙晚报采取了新闻策划的方式,针对政府工作报告中的33个"亮点"工作进行了深入解读的报道。为了实现及时有效的报道,沂蒙晚报进行了详细的策划工作。他们通过报社编委会的研究和决定,经过总编室的统一协调,明确了对口采访的记者,并制定了统一的采访思路。

在采访过程中,沂蒙晚报注重了热点工作和新词的解释、临沂市已经做了和正在开展的工作、未来将要达到的成效等方面,实现了对工作解读的深入性和全面性。他们还综合收集了视频、图片等资料,并由融媒体部门按照新媒体的需求制作发布。这样,沂蒙晚报在仅用两天的时间内完成了整个策划、采编、发布的流程。

通过微信、微博、网站等渠道每天发布6条报道,沂蒙晚报成功地对33个"亮点"工作进行了解读。这样的报道受到了市委、市政府领导和广大读者的一致好评,并达到了预期的宣传效果。

通过新闻策划的方式,沂蒙晚报充分发挥了资源整合和协同工作的能力,提高了报道的效率和质量。他们通过统筹规划和组织协调,实现了对复杂议题的深入解读和全面报道。这样的做法符合融媒体时代的需求,为新闻报道提供了更加综合和多样化的视角,同时也增强了媒体的影响力和竞争力。

二、做好融媒体选题与策划可以实现多角度精彩呈现,进一步丰富报道形式

在融媒体时代,主题报道需要具备综合策划意识,以不同平台为依托,制定多样化的报道方案并进行分头采访,最终根据平台特点进行发布。这种多方位、多形式的报道方式为主题报道提供了更广阔的展示平台,能够更好地满足不同受众的需求。

举例来说,在2003年举办的山东省旅游发展大会期间,沂蒙晚报充分利用新闻策划的手段,全方位布局,针对不同的平台制定了多样化的报道方案。在传

统报纸上,他们报道了与时政相关的新闻、活动动态以及深度报道等内容。在短视频平台上,沂蒙晚报推出了《蒙山沂水》短视频系列报道。而在其他社交媒体平台上,沂蒙晚报采用了说唱的形式,邀请本地的"说唱达人"出镜,推出了《大美临沂逛起来》微视频系列报道。

整个报道的主题明确、特色鲜明,传播范围广泛。其中一些报道还被其他网络媒体转载,网络点击量达到了 200 万以上,取得了良好的宣传效果。这些成果都是通过新闻策划和多平台报道方式的有机结合实现的,它全方位地展示了主题报道的内容,提高了宣传效果和影响力。

三、做好融媒体选题与策划可以借助多平台适时发布,切实形成宣传合力

在新闻策划中,考虑到不同平台对时效的要求不同,可以灵活利用这些特点,分平台适时发布,并有节奏、有重点地做好主题推送。举例来说,沂蒙晚报在 2020 年的"五一"期间的"直播带货"活动中,充分考虑了各个平台的报道风格,并将其与活动内容和形式密切联系起来。

针对活动布点多、形式活跃的特点,沂蒙晚报社安排专人与牵头部门对接,详细了解整个活动的内容和形式,并在各个平台上采用不同的报道方式。在现场云直播中,他们聚焦市领导直播的主会场。在微博上,他们开启了及时话题推送,随时报道主会场和各个县(市、区)的活动动态。在微信平台上,他们选取当天的亮点内容整合成专题稿件,并在早中晚三个时间段进行发布。在抖音平台上,他们精心制作网红带货的镜头,并选择"爆点"进行发布。在网站上,他们及时发布本地优秀的图文稿件,并做好外宣推介。在报纸上,通过深度报道、侧记、特写等形式,挖掘新闻背后的故事,阐述"直播经济"的意义和价值。

整个报道的节奏协调、点面结合、主题突出,营造了浓厚的宣传氛围。沂蒙晚报社灵活运用各个平台的特点,采用多种报道方式,在"五一"期间的"直播

第四章 融媒体时代的新闻选题与策划

带货"活动中取得了良好的宣传效果。他们通过分平台适时发布,并有节奏、有重点地做好主题推送,实现了全方位的报道,提高了宣传的效果和影响力。

第二节 新闻选题的原则与渠道

由于各种媒体报道的侧重面不同，选题的方向也会有所不同。但以下这些共性是确实存在的，可以作为选题的"必答题"。

一、如何选题

（一）以政策方针为导向的选题

这种选题是经常的、普遍的、通用的。比如，宣传建设中国特色社会主义的报道，宣传弘扬社会主义核心价值观的报道，宣传精准扶贫的报道，宣传共同富裕奔小康的报道，都是符合政策方针的选题。在进行这类选题时，必须防止雷同化、一窝蜂和贴政治标签式的报道。为此，记者首先需要吃透政策方针的实质，并深入实际、深入群众、深入生活，把两者紧密结合起来，才能选出生动而深刻的好题目。

（二）以节日纪念日为导向选题

这类选题方式也是报社、杂志社和网站经常采用的，它的特点是有纪念意义、有群众的广泛的参与度、有承前启后继往开来的作用。我国最热闹的节日是春节，最隆重的节日是国庆节，在这两个节日前、中、后，可选有关节日的各种题目来做文章，例如开展春节征文、国庆征文、征集图片等活动。在一年之中，还有妇女节、青年节、劳动节、儿童节、建军节等，都属于周期性的纪念日。

一些专门性的节日，已逐步成为媒体做文章的选项，如教师节、记者节、护士节等。许多中国传统的节日，也是传媒施展才华的时机，除春节外，还有元宵节、清明节、端午节、重阳节、腊八、破五、龙抬头、寒食节、七夕等。

还有一些特定的日期，各媒体可根据自身的需要及读者的情况，予以关注。如 3 月 15 日消费者权益日、4 月 26 日世界知识产权日、5 月 12 日国际护士节、6 月 23 日国际奥林匹克日、9 月 20 日全国爱牙日、12 月 1 日世界艾滋病日、12 月 13 日南京大屠杀死难者国家公祭日等。

节日纪念日对各媒体是一样的，都可以采写，关键是看怎么选题策划。适时地推出征文、专栏、专版、人物专访、特写、解释性报道、深度报道都不失为抓住机会的好办法。不过，写这类报道易发生"年年岁岁花相似"、老调重弹的情况，这是应当避免的。

2007 年，在教师节前后，《沂蒙晚报》推出《想赚钱，俺就不当老师了》等一系列新闻报道引起了大家的关注。这些报道介绍了一些教育工作者的先进事迹和可借鉴的经验，为广大教育工作者树立了榜样，也为广大读者提供了有益的参考和启示。这些报道在征得作者的授权后，还被多家媒体转载和引用，进一步扩大了它们的影响力和传播效果。这充分说明，节日纪念日选题的报道并不是简单的"年年岁岁花相似"，而是需要媒体通过深入调研和独到的视角，挖掘出有价值的信息和故事，从而为读者提供有深度、有价值的内容。

因此，对于媒体而言，节日纪念日选题是一种重要的报道形式，它能够引起读者的兴趣和共鸣，提高媒体的知名度和影响力。但是，媒体在进行这类报道时，要注意避免老调重弹和浅尝辄止的情况，努力挖掘出更为深入、有价值的信息和故事，为读者提供更好的阅读体验和价值感。

（三）以某些有影响的事件为导向的选题

当记者在采写新闻时，以某些有影响的事件为导向的选题具有重要意义。这种选题导向可以帮助记者更好地把握社会、政治、经济和文化等领域中的重要问题，深入挖掘事件的背后原因和影响，以及相关利益关系和影响方向。

采用有影响的事件为导向的选题有以下几个优势。

突显新闻价值：有影响的事件往往具有广泛的社会关注度和新闻价值。这些事件通常与公众生活息息相关，能够引发公众的兴趣和关注。选择此类选题，有助于提高报道的吸引力和影响力。

拓宽报道视角：有影响的事件通常看见的不仅仅是表面现象，背后可能涉及深层次的社会问题和结构性挑战。以此类事件为选题，记者可以深入调查研究，拓宽报道视角，挖掘事件的根源、原因和背后的系统性问题，从而提供更加全面和深入的报道。

揭示社会问题和权力关系：有的事件反映了社会问题和权力关系的存在和运行方式。记者通过选择这类事件作为选题，可以揭示事件背后的社会结构、政治力量和经济利益，有助于公众理解和思考社会现象和权力运行。

促进社会变革与改善：有的事件涉及社会不公、不平等和不正义等问题。以此类事件为选题，记者可以通过报道引发公众对这些问题的关注和讨论，推动社会变革和改善。

记者在选择以有影响的事件为导向的选题时也需注意客观、公正和全面的原则。记者应该基于严谨的调查和深入的报道，避免个人偏见和片面的报道，以确保新闻报道的质量和可信度。同时，记者还需要关注事件的各方立场和声音，提供多元的观点和解读，以促进公众对事件的全面理解。

（四）以某种社会现象为导向的选题

当记者在采写新闻时，以某些社会现象为导向的选题可以帮助他们深入了解和报道社会的发展趋势、问题和变化。这种选题方式可以帮助记者关注和解读社会现象的原因、影响以及与之相关的各种因素。记者可以选择一些常见的社会问题作为选题，例如贫困、失业、教育差距、社会不公平等。通过深入调查和报道，记者可以揭示这些问题的根源、影响和可能的解决方案，引发公众对社会问题的关注和反思，促进社会进步。

第四章　融媒体时代的新闻选题与策划

在选择以社会现象为导向的选题时，记者需要保持客观、公正和全面的原则。他们应该进行深入的调查和研究，采集多方面的证据和意见，提供全面的报道。同时，记者也应该关注和尊重受访者的权益和隐私，遵守新闻伦理和法律规定。通过以社会现象为导向的选题，记者可以为公众提供更深入、全面和有洞察力的新闻报道。

二、融媒体时代下新闻策划的要素

主题要素：找准主题，明确策划方向，并清晰地表达出主题，确保新闻报道的核心和灵魂准确传达给受众。

时间要素：重视时间节点，将新闻与重要时间节点结合起来，抓住关键时机，引起受众的注意和兴趣。

平台要素：选择适合的平台，根据不同平台的特性和受众群体的喜好，将新闻内容传播给受众。了解各平台特点，充分利用多样化的报道方式和形式推送适宜平台特点的新闻内容。

技术要素：运用新技术形式传播新闻内容，如增强现实（AR）技术、虚拟现实（VR）技术等，提供更好的新闻体验。新闻从业人员需要了解并掌握新技术，不断提升自身的技术水平。

终端要素：要考虑到受众最终接触新闻的终端设备，如不同操作系统和显示屏等。针对不同的终端设备，调整新闻内容的呈现形式，以确保在不同设备上具有良好的呈现效果。

这些要素在新闻策划过程中相互关联，需要综合考虑并合理运用，以提升新闻报道的质量、影响力和传播效果。

第三节　什么是新闻策划

策划，就是指定策略，进行谋划。也就是说，做事要有一个计划和设想。新闻策划就是为媒体内容确立新闻点，并通过文字、图片、影像来达到目的。策划比选题更系统、更周密。一次好的策划可以管几十篇、上百篇稿件，时间上可以管一个月甚至一年。因此，越来越多的媒体十分重视新闻策划。

不过，对于新闻能不能策划？要不要策划？新闻策划是否先入为主？会不会造成假新闻？这些问题历来是有争论的。笔者认为，新闻策划无论是工作进程的策划还是内容的策划，都是有必要的。这是在打新闻的主动仗，是使新闻更好看更深刻的手段之一。

一、新闻策划要遵循事实第一性、新闻第二性原则

实施新闻策划，要选那些题材比较重大、有连续报道可能的项目展开。有的媒体策划由总编辑挂帅，有的成立专门的新闻报道策划组，有的召集有经验的记者、编辑组成班子，有的还配上行政后勤人员给予物质上的保障。

新闻策划必须遵循真实性的原则，不能弄虚作假、虚构，必须是真人真事。同时，要注意时效性，反映当时发生的人和事，有新鲜感。要关注它的传播性，通过报纸、杂志、广播、电视、网络等传播。此外，它应与众不同，有自身特点，具有一定的舆论导向与价值导向。这样的新闻策划目标明确，切合实际，有新闻价值，必定能获得成功。一些新闻策划之所以失败，主要毛病是假、旧、慢与传播渠道不畅。还有些策划目标定得太大太高，导致半途受挫。

第四章 融媒体时代的新闻选题与策划

《晚报邀您寻找最美妈妈》（载《沂蒙晚报》2008年5月8日A4版头条）是我们在母亲节前夕策划的选题。该选题是针对母亲节的主题报道，旨在向社会展示最美的母亲形象，表达对母亲的感恩之情，同时也为读者提供一些有意义的活动和福利。在该报道的实施过程中，我们邀请了社会各界的读者参与，共同寻找最美的妈妈。

该活动得到了广泛的关注和参与，许多读者积极参加，分享自己与母亲之间的感人故事和美好回忆。通过精心的策划和组织，我们成功地呈现了一系列有关母亲的感人故事和精彩瞬间，展示了母爱的伟大和无私，同时也为读者提供了一些感人的活动和奖品。

二、选题是整个新闻策划的灵魂

新闻策划的目的确实是一个重要的出发点和归宿点。它需要明确策划的目的，不能牵强附会或篡改事实。下面是一些关于新闻策划的要点。

确立目的：在新闻策划中，需要明确策划的目的。这个目的应该是真实、准确、客观的，旨在提供有价值的信息，引导受众对事件或议题进行理性思考，并对社会产生积极影响。

考虑社会舆论效果：新闻策划应当重视社会舆论效果，关注社会主流思想基调。选择时代背景下社会和舆论关注的焦点问题，能够引起公众共鸣和讨论的选题更有价值。

单独唯一的选题：在选题时，应该选择单独唯一的选题，即从多个选题方案中精选并确定一个选题。摒弃冗余、弱势的选题，确保选题的独特性和新闻价值。

准备工作：在新闻策划前期，记者需要进行充分的准备工作。这包括收集素材、分析情况等。记者可以采取现场观察、个别访问等方式，挖掘新闻的本源，确保消息来源的可靠性和话题的敏感度。

辩证思考：在面对复杂情况时，记者要进行辩证思考。不要被表面现象所蒙蔽，要分析事物的内在联系，找出问题的本质，并在此基础上制定相应的策划方案。

尺度把握：在报道突发事件、重大事故、重大案件等情况时，记者应该遵循相关的报道要求，把握适当的尺度。避免冷僻、敏感、不实或过度渲染的报道方式，确保报道的准确性和公正性。

新闻策划需要明确目的、考虑社会舆论效果，选择独特的选题，并进行充分的准备工作和辩证思考。记者在报道过程中要把握尺度，避免不当的报道方式。这些要点将有助于提高新闻策划的质量和影响力。

三、新闻策划要有"金点子"

在竞争日趋激烈的新闻媒体环境中，新闻策划需要具备创意和创新点，以吸引读者的关注并保持竞争优势。新闻策划需要从独特的视角出发，发现并呈现与众不同的故事，突出报道的独特性和新意。通过挖掘不同的观点、角度和人物，可以为报道注入新鲜感和深度。

（一）信息提取的精确性

新闻从业者在融媒体时代面临着巨大的挑战。首先，他们要提供独特而有价值的内容，例如深度报道、独家新闻或独特的观点等，来吸引受众的兴趣并引起他们的关注。其次，他们要善于利用各种新媒体工具和平台，将信息以多样化的方式传播出去，增加报道的曝光度。此外，他们还注重新闻信息的筛选和提炼，将复杂的事实和观点转化为简洁明了、易于理解的形式，使受众能够迅速获取关键信息。

（二）新闻选题的创新性

新闻策划的核心在于创新，具备竞争力的新闻策划需要打破常规，有所突破。所谓太阳底下无新事，好选题要追求"新瓶装旧酒"。很多时候，从线索到深度选题，需要做大量的挖掘和思考。所以，选题研判非常重要。

古人说，凡事预则立，不预则废，指的就是研判和规划的必要。何谓选题？选题就是文章的主题，你想写的东西就是你的选题。一句话，选题就是你想写什么的问题。从新闻热点中提炼选题，就是以新闻为切入点，从不同的视觉去挖掘有价值的观点，再从不同的观点提炼出选题。学会这种方法，可以从一个热点中提炼出多个选题，让你的写作选题源源不断。

好的新闻稿，往往在于选取了巧妙的新闻角度。如2020年7月《光明日报》刊发的《创新打造社区"微型养老院"》，抓住老龄化社会与养老机构供需不平衡这个矛盾点，进行细致打磨，从规模小型化、养老新模式、提供完善服务等角度，把山东省社区养老模式向全国推广。可见消息传播的成功与否，取决于选题准确、切中要害，以及报道内容符合国家有关政策的指导方向。

（三）新闻策划的可行性

新闻策划的可行性需要考虑多个因素，包括目标受众、资源可用性、时间限制和法律、道德等方面的考虑。综合考虑这些因素，可以更好地评估新闻策划的可行性，并做出明智的决策。同时，灵活性和适应能力也是新闻策划中的重要品质，因为新闻环境和要求可能会随时变化。

新闻策划的复杂性在于其组织过程，包括确定新闻主题、进行调查研究、制定报道计划、设计整体报道思路，以及配置适当的人员等。同时，根据新闻策划的动态要求，在报道实施的过程中，策划者还需要随着时间的推移和事态的发展，不断调整报道的规模、程度和表现形式。这是因为新闻报道需要与时俱进，及时反应变化的情况，以保持报道的及时性和准确性。

要做好新闻报道策划需要掌握一定的方法，才能比较高效地完成策划任务。

一要宏观把握，微观着手。新闻报道策划可以采取一种综合性的方法，对客观事实进行整体把握。这种方法需要以开放的思维方式观察和思考问题，但在实际报道中则从小处着手，以贴近受众的方式进行报道。这种策划方式常常能够打破思维定式，超越表面现象，以冷静且扎实的分析和报道给人以新鲜感。

二要挖掘新闻背后的新闻。在策划新闻报道时，透过现象看本质、挖掘新闻背后的新闻，也是策划的一种重要方法。

三要纵向、横向比较，将报道做深、做广有比较，才能有鉴别；有比较，才能出真知。这一方法使所报道事实的发展演变，或同类事实在不同空间中的表现在受众眼中一目了然。

四要有发散思维。发散思维有助于发现多种报道事物的侧面与角度。比如，每年的春运铁路高峰历来是新闻报道的热点。例行报道集中在"火车拥挤""民工潮""打击黄牛"等角度。

五要采用逆向方法。简单来说，逆向思维要求记者打破常规的思维方式，倒过来思考问题，寻找新鲜的角度。比如，光明日报发表的《三八节妇女不谈妇女问题》，就是逆向思维找角度的范例。

六要全局思维找角度。具有宏观与全局的眼光，在选择、掂量某一具体的新闻事实时，找到把握时代脉搏的最佳角度，充分体现出其新闻价值。报道部门新闻时，要考虑是否具有全公司意义；报道企业新闻时，要考虑是否具有社会性意义；报道地方新闻时，要考虑其是否具有全国性意义。

（四）信息品牌的权威性

信息品牌的权威性是指该品牌在特定领域或行业中被广泛认可和信任的程度。媒体行业权威的信息品牌应该提供准确、可靠、有深度的信息，具备专业知识和经验。它应该经过严格的事实核实和编辑，确保所提供的内容真实可信。

第四章　融媒体时代的新闻选题与策划

需要注意的是,权威性是一种逐渐建立和巩固的过程,它需要时间、努力和持续的努力来赢得公众的信任。一个良好的信息品牌应该不断努力提供高质量、可靠的信息,以保持其权威性地位。

第四节 新闻策划的原则

新闻策划是新闻行业中非常重要的一环，它涉及新闻报道的方向、内容、形式等方面，是一项前期策划工作。新闻策划可以帮助新闻媒体更好地了解受众需求和市场趋势，从而确定新闻报道的方向和主题。通过对受众需求和市场趋势的深入了解，新闻媒体可以更好地把握受众的兴趣点和关注焦点，提供更为贴近受众需求的新闻报道，从而提高读者对新闻的阅读兴趣。

同时，新闻策划可以帮助新闻媒体更好地规划和组织新闻报道的内容和形式。通过对新闻报道的内容和形式进行规划和组织，可以确保新闻报道的质量和效果，在有限的时间和资源内尽可能地实现最大的价值。新闻策划最主要的原则有以下几点。

一、新闻原则

指策划的新闻必须有很强的新闻价值，原则上是策划的第一性。要达到具备新闻价值，必须关注时效性，要有新意，有新的角度、新的内容。还必须有独到见解和深度，能引起媒体和受众的关注。

二、导向原则

新闻策划及报道必须遵循正确的舆论导向，符合社会主义核心价值观，讲诚信，讲友善，不能搞欺骗，也不能靠炒作。现在有些新闻策划只顾经济效益，忽视社会效益，片面追求轰动效应，有的药品、保健品、床上用品、服装的购物指南，不少具有误导性，找一些假中医、假顾客，靠吹嘘促销，令人反胃。有的电视剧粗暴植入广告，不与场景配合，使电视剧变成了广告剧，效果当然不好。

第四章 融媒体时代的新闻选题与策划

三、整体原则

新闻策划是一个整体,有计划,有开始,有进行,有收尾,有反馈。每一环节要环环相扣,既不能缺少,又不能断档。为此,要从人力、物力、财力上做好充分准备,以保证策划的实施。

四、前瞻原则

新闻策划要有预见能力,能准确判断市场趋势,判断今后形势发展会带来何种影响。有时候,超人一步便能取得最佳效果。如一味仿效,人云亦云,甚至放"马后炮",都是不可取的。

五、情感原则

人是有感情的。好的新闻策划讲人情味,讲人文关怀,讲爱心,新闻有故事性,情理交融,便能引起人们的喜怒哀乐,引起人们的关注度与阅读欲。大篇的说教和狂热推销,效果并不好。

六、系统原则

新闻策划应该作为营销中的一项日常工作,持续不断地进行。好的新闻策划应该有余音绕梁的效果,受众来了不想走、走了还想来,紧紧抓住公众的视线,从内心深处打动他们。

七、可行原则

"强扭的瓜不甜"。新闻策划要对方案进行充分的可行性论证,不具备条件的不做。要对策划进行周密细致的安排,确保成功实施。同时,在预案中,要对可能发生的突发情况做好各种准备工作。

八、成本原则

新闻策划应做好成本预算,用最少的钱来获得最大的宣传效益。不宜在策划进行中一直追加成本。对投入产出比要心中有数。对早期投入赔本要有心理预期。有的策划以失败告终，其原因就在于没有在费用方面进行预算，直到开展后，才发现这个计划根本没有财力支撑。

九、时机原则

机不可失，时不再来。诸葛亮的草船借箭、借东风都是利用时机才获成功的，可见在关键时间发动策划之重要。季节的变迁，政策的变化，人员的调动，甚至是灾难的降临，都可能引发时机的变化。新闻策划应在天时、地利、人和齐备之际启动。

新闻策划非常重要，因为它对于新闻报道的质量、有效性和影响力具有决定性的作用。新闻策划有助于确定新闻报道的定位和关注焦点。在面临大量信息和事件的情况下，记者需要通过策划来选择和确定有价值、有影响力的新闻选题。一个好的策划可以帮助记者明确报道的目的、受众和核心信息，从而使报道更加有针对性和聚焦。例如，2008年，《沂蒙晚报》联合推出"踏访七十二崮大型采风活动"。在采风活动的第十八站中，我们通过对窦家崮的深入采访和调查，揭示了窦家崮的红色历史和文化内涵，展现了当地人民的艰苦奋斗和乐观向上的精神风貌。同时，我们采用多媒体形式，图文并茂地展现了窦家崮的自然风光和人文景观，为读者呈现了一个真实、立体、生动的窦家崮。

这次采风活动得到了读者的广泛关注和赞誉，不仅提高了《沂蒙晚报》的知名度和影响力，也为当地的旅游和经济发展带来了积极的推动作用。这也充分证明了新闻策划的重要性，只有通过精心的策划和组织，才能实现新闻报道的最大价值和效果。

第四章 融媒体时代的新闻选题与策划

第五节 大型活动的策划

融媒报道的全过程较为耗时，所以重大主题报道更注重回顾和总结，强调整合性报道的趋势，以体现主流媒体的专业性和权威性。虽然各家媒体的相关技术已经相对成熟，报道形式丰富多样，但选题、策划和采访仍然是能否做出高质量重大主题报道的基础。

因此，在选题上需要挖掘深度和广度，策划要切合实际，有创新性和系统性，采访要深入挖掘事件内在逻辑和关键节点，并注重权威性和客观性。最后，编辑要对采访材料进行精细地整理和分类，以提高报道的可读性和可视性。这样才能做出具有深度和广度、创新性和权威性、可读性和可视性的高质量重大主题报道，提高新闻传播的质量和影响力。

一、选题"顶天"

重大主题报道的选题是既定的，方向是明确的，这就要求主创人员在较短时间内精准领会党中央的精神，深刻领悟报道的"天线"，并根据具体情况进一步细化选题，抓住其中的一个要点进行深入挖掘，以充分发挥媒体的特色和优势。这需要采编人员认真研读文件、学习系列讲话，并进行必要的"头脑风暴"，以把握中心工作的要旨。同时，由于重大主题报道所涉及的领域较为多元，媒体难以面面俱到，因此只能选取一个局部来展开报道。在这个过程中，媒体需要深入分析相关材料和背景，从中挑选出一个具有代表性、有价值、有意义的选题，以便更好地展现该问题的深度和广度。最后，媒体需要注重选题的适配度，将选题与形式和内容相适配，以提高报道的可读性和可视性，使其更具有吸引力和影响力。

二、策划"立地"

媒体报道还需要"立地",即将中心工作的精神内核用通俗化的方式讲述出来,把"讲道理"变成"讲故事"。为了做好这项工作,媒体记者需要进行大量的准备工作。他们需要持续关注某一问题的进展,收集相关素材,查证资料,并进行专家访谈。此外,他们还需要选择多元化的信源,以确保报道的客观性和全面性。他们需要找到最具有群众关注度和兴趣点的新闻事实作为报道的切入点,通过小事情展开,揭示更大的宏观方面,并以立体的方式呈现该主题下的事态或进展。只有这样,才能达到"四两拨千斤"的效果,进一步推动党的宣传工作在群众中扎根并取得成效。在讲述故事的过程中,媒体记者需要运用生动、形象、有趣的语言和手法,将复杂的问题通过简单易懂的方式呈现给读者和观众,使其更容易理解和接受。同时,媒体还需要注重选题的适配度,将选题与形式和内容相适配,以提高报道的可读性和可视性,使其更具有吸引力和影响力。

三、采访"点面结合"

采访在新闻工作中具有重要地位,是获取新闻素材的主要手段。在进行重大主题报道时,为了使宏大议题具象化、贴近民生、贴近实际,我们需要采用一种称为"点面结合"的采访方式。这种方式涉及两个层面:一是关注实际细节、场景、个案和引语等具体内容(即"点"),二是涉及到新闻背景、概述、资料、部门负责人和专家解读等较为抽象的内容(即"面")。

在采访和后续写作中,我们需要巧妙地将"点"和"面"结合起来,最好是交替出现。这样做可以将抽象的概念转化为具体而生动的实践,让受众能够深刻领悟报道的社会意义。优秀的主题报道必须完美地结合"点"和"面",展示主题的深度和广度。此外,我们还需要注重选题的适配度,确保选题与报道的形式和内容相适配。这样可以提高报道的可读性和可视性,使报道更具吸引力和影响力。通过采用"点面结合"的方式,将具体的细节和抽象的背景相结合,可以使重大主题报道更加生动鲜活,贴近受众,同时展示主题的深度和广度。同时,注重选题的适配度,以确保报道具有可读性和可视性。

《热看沂蒙》专栏(2009年12月8日)是《沂蒙晚报》为了配合央视大型连续剧《沂蒙》的热播而推出的一项专栏报道。该专栏通过采访当地农民、老兵等人物,以及对历史事件的解读和梳理,深入挖掘了沂蒙地区的革命历史和人文风情,为读者们呈现出了一个真实、生动、感人的沂蒙地区。

在采访中,记者们不仅从历史事件和人物轶事中找到了生动的"点",还通过对当地风土民情、习俗传统的描写,将抽象的"面"具象化,使读者们更加深入地了解了沂蒙地区的文化底蕴。同时,专栏还对历史事件进行了深入的解读和分析,将抽象的历史概念转化为具体的人物形象和情境场景,使读者们更加生动地感受到了历史的温度和力量。

通过点面结合的采访方式,专栏成功地打造出了一个集历史、文化、人文于一体的沂蒙形象,为读者们呈现出了一个具有深厚历史底蕴和人文情感的地方形象。同时,专栏也为央视连续剧的宣传和推广提供了重要的支持和帮助,使观众们更加深入地了解了剧情背景和文化内涵,提高了观众对剧集的认知和理解度。

在主题报道中,点面结合的采访方式具有重要的意义,通过深入采访和精心策划,将抽象的主题转化为具体的实践,使报道更加具有生动性和感染力,提高了读者的阅读体验和参与度。同时,也为新闻媒体的品牌塑造和社会影响力的提升提供了重要的支撑和保障。

第五章
通讯与深度报道的写作技巧

通讯,是运用叙述、描写、抒情、议论等多种手法,具体、生动、形象地反映新闻事件或典型人物的一种新闻报道形式。它是记叙文的一种,是报纸、广播电台、通讯社常用的文体。它包括人物通讯和事件通讯两类,它和消息一样,要求及时、准确地报道生活中有意义的人和事,但报道的内容比消息更具体更系统。

所谓深度报道是运用解释分析预测等方法,从历史渊源、因果关系、矛盾演变、影响作用和发展趋势等方面报道新闻的形式。新闻特写、新闻评论、深度报道、数据新闻、可视化报道等都是深度报道的常用文体表现形式。这些文体都强调关注新闻性强的、包含多项新闻价值的事实,强调记者要进行多维思考,不孤立报道单个事件,围绕一个中心(事件或观点)立体地组织新闻要素。

第一节 通讯

新闻通讯是指通过各种渠道传递新闻和消息的过程。这些渠道包括报纸、电视、广播、互联网等。新闻通讯机构负责收集、编辑和发布新闻和信息,以便公众了解事件、事实和趋势。新闻通讯的重要性在于它可以让公众了解事件和事实,以便做出正确的决策和行动。同时,新闻通讯也可以促进公众对社会和政治问题的讨论和辩论,促进社会的进步和发展。

一、通讯的种类与基本写作方法

通讯是新闻工作者常用的一种新闻体裁。现在,好多写报道的人员被称为"通讯员",而不是称为"消息员",可见"通讯"是多么普及与重要。通讯比消息(本报讯)能够更详细更生动地报道事实和典型人物,可以运用描写、抒情、议论等多种方式来写人记事,因而越来越受到重视与欢迎。通讯常用于表现新闻事件和新闻人物,其特点是:新闻性、评论性、形象性。通讯有工作通讯、人物通讯、专访、述评、调查性报道、解释性报道等。

工作通讯:工作通讯是反映贯彻执行上级路线、方针、政策中的成绩,总结实际工作中的经验和教训的报道。它的政策性强、指导性明确,要写出工作中的做法、成就、经验、教训,概括带有规律性的东西。但它不等同于工作总结,比工作总结要具体生动,富有文采。

人物通讯:人物通讯的主体是人,写一个人或一群人,写他的思想、行为、闪光点,以启迪读者,弘扬正气。人物通讯要写出时代精神,写出人的精神面貌,取材广而典型,不一定面面俱到。这是报刊上经常出现的一种报道方式。我们以

第五章　通讯与深度报道的写作技巧

下会专门讲述怎样写好人物通讯。

2006年，《沂蒙晚报》推出"我的2006 小人物大视角"专栏。笔者采访了临沂城市形象大使姚某，并形成一篇人物通讯《蜕变的一年 感恩的一年》。在这篇人物通讯中，笔者通过对临沂城市形象大使姚某的采访和观察，深入描绘了他在过去一年中的蜕变和成长。报道中，笔者首先介绍了姚某的背景和经历，包括他曾经的困境和对未来的期望。随后，笔者通过对姚某在临沂形象大使工作中的表现和心路历程的采访，深入了解了他在工作中的成长和进步。同时，笔者也用生动的语言和具体的案例，生动地展现了姚某在工作中所表现出的勇气、执着和坚韧不拔的精神。

在描绘姚某的成长和进步的同时，该报道也强调了他对社会的奉献和感恩之心。笔者通过对姚某在公益事业中的表现和对家人、朋友的感恩之情的描述，生动地展现了他的高尚品质和社会责任感。通过这篇人物通讯，读者不仅可以了解到姚某在过去一年中的成长和进步，也可以感受到他的高尚品质和社会责任感。同时，也可以从姚某的故事中汲取勇气和力量，激励自己在所在的岗位上不断努力，追求进步和成长。

专访：专访就是专门访问一个人，或科学家，或政要，或老红军，或创业者。通过问答方式，提出问题，叙述观点。专访以谈话内容为主进行整理，可以谈现状，也可谈历史，但必须有观点。既然叫"专访"，那就要"专"，是独家的。

述评：顾名思义，述评就是既要叙述，又要评论；一边叙述一边议论，夹叙夹议是它的特点。在对重要事件、社会热点发布时，可以采取这种新闻体裁，如时事述评、军事述评等。

调查性报道：写这类报道首先要进行"调查"。"没有调查就没有发言权"。要用事实说话，通过对事件的剖析，引起社会重视。调查性报道有的以追踪线索为主，有的以揭露为主，有的以批判为主。中央电视台的"焦点访谈"中有不少是调查性报道。在西方，调查性报道又被称为"揭丑"报道。

以《聋哑少女贼窝发短信求助》(《沂蒙晚报》2009年3月25日)为例，讲述了一名聋哑少女被一伙小偷掳走，被关在盐城市一个偏僻的酒店。在无法与外界沟通的情况下，她利用手机发短信求助，最终被警方成功救出。报道通过详细的叙述和描写，展现了聋哑少女在困境中的坚强和勇气，以及警方在救援中的专业和敬业。

该报道具有很强的新闻性和形象性，通过生动的情节和细腻的描写，使读者更加深入地了解了聋哑人群的生活和困境，感受到了警方的专业和担当。同时，该报道也具有一定的评论性，呼吁社会关注聋哑人群的权益，呼吁广大群众积极参与维护社会安全。

解释性报道：这种报道的重点在于解释与分析，把事情的来龙去脉说清楚，通过对新闻事件的起因，谈到它的趋势、意义、影响、联系、结果等。解释性报道十分注重挖掘和运用背景材料，能够帮助读者思考，加深读者对新闻事实的理解。

新闻特写：在摄影中有"特写镜头"一说。新闻特写则是用文字的方法来写人写事。既然是"特"，那就是一个片段、一个画面、一个情景、一个瞬间，把看到的事实用文学笔法进行描写，使读者如亲临其境，闻其声，见其人，产生强烈的感染力。新闻特写要有现场感，有声有色，重点突出，不要面面俱到。

通讯写作的基本要求：无论是写人还是写事，都要抓好典型，通过深入采访挖掘有意义的内容，然后经过汇总思考，提炼出文章的主题，最后通过组织材料（包括背景材料）展开情节，并综合运用叙述、描写、评论，写成文章。

以《罗庄民警智擒跆拳道高手》(《沂蒙晚报》2008年4月14日)为例。像这样的调查类通讯，该报道是一篇典型的人物通讯，通过讲述罗庄民警智擒跆拳道高手的故事，展现了民警们在工作中的勇气和智慧。该报道讲述了罗庄派出所民警在一次行动中，成功抓获了一名跆拳道高手。这名高手曾经在比赛中屡次夺得冠军，但在处理非法经营案件时，却被民警智慧地制服。报道通过详细的叙述和描写，展现了民警们在工作中的冷静和果断，以及他们在面对危险和挑战时的勇气和智慧。

在通讯写作中，重要的是要抓住典型，通过深入采访挖掘有意义的内容，提炼出文章的主题，然后通过组织材料、生动的叙述和描写，展开情节，写成文章。通过这样的方式，可以使通讯更加具有感染力和吸引力，更好地传递新闻信息和社会价值观念。

第二节　新闻特写

新闻特写是以文字再现新闻事实的某一情节或某一部分，使其得到真实放大的效果，这是一种强调视觉形象的新闻体裁。特写主要是利用白描手法对具有典型意义的新闻事件、人物或场面进行生动形象地描绘，将其绘声绘色地再现在受众面前，让人如临其境、如见其人、如闻其声、如观其景。

一篇优秀的新闻特写，不仅有较强的时效性，还有较长的保留价值，甚至在很久之后，还能成为珍贵的历史资料。

一、新闻特写的写作特征

新闻特写与一般新闻体裁相比，既有相同的新闻性，又有着它独特的写作特征。

要求画面感：新闻特写在选材中必须截取新闻事件中的一个场面或一个情节，且这个场面或情节的画面感要很强，这样才能再现一个或多个特写镜头。

定点描写：消息、通讯的写作大都是纵向的，统摄了新闻事件的过程，让受众对新闻整体一览无余。新闻特写则不是广阔的纵观，而是从一个侧面、一个细节去聚焦反映事物的核心、重点或主要事实。

语言立体：新闻特写除具有准确、朴实、形象、生动的新闻语言特征外，还要求在谋篇布局上表现出立体感，写出特定的形象。因此其语言中常有电影、小说的艺术美感。

二、新闻特写的重点要素

新闻编辑若能抓住并将画面、个性和情节这三个方面的美呈现给受众，就几

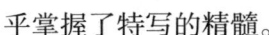第五章 通讯与深度报道的写作技巧

乎掌握了特写的精髓。

画面美：要求特写时抓住生动的形象、动作或场景，再现出逼真的画面，让受众有画面感，犹如亲眼所见、亲耳所闻。

个性美：指特写镜头要抓住人、事、场景的特征，凸显其个性和高潮的片段，让特写作品闪现出独有的个性美。

情节美：新闻特写在写作中，只能抓整个事物中的一个重点或关键场面，因此要抓取重点情节。用以展现情节的关键镜头是整个事件的焦点与核心，也是情节展开的高潮，集中写作这一关键，甚至可以以小见大，在展现情节美的同时使受众受到情感的触动。

《沂蒙晚报》在2008年推出《圣火耀沂蒙》专栏，笔者有幸参与写作了《奥运圣火 一见倾城》这篇特写。2008年7月21日，注定将是被载入临沂史册的一天，承载着中国人激情与梦想的奥运火炬来到临沂这座历史文化名城，来到沂蒙山这片红色的热土，与同样拥有两千多年历史的希腊奥林匹亚，共同书写东西方文明的美丽邂逅。

在这个重要的历史时刻，临沂的人们迎来了他们人生中的一个难得的机会，亲眼见证奥运圣火的到来。28万临沂市民聚集在滨河岸边，激情澎湃，期待见证历史时刻的到来。当奥运圣火的车队进入临沂城区，整个城市沸腾了起来。人们挥舞着国旗，高呼着口号，表达着对祖国的热爱和对奥林匹克精神的崇敬。在这个热情洋溢的氛围中，奥运圣火在滨河岸边点燃了圣火盆，熊熊燃烧的火焰映照着临沂市民的笑脸和激动的眼神。

作为这个历史时刻的见证者之一，笔者深刻地感受到了临沂市民对祖国的深厚感情和对奥林匹克精神的认同。在这个特殊的日子里，临沂市民展现出了他们的自信和希望，也向全世界展示了中国人民的热情。此次奥运圣火传递的路程中，临沂的特别举措和圣火接力的安排也得到了全国的关注。这些都是临沂人民对于这一历史时刻的认真准备和热情投入的体现，也是临沂市民对于祖国的热爱和对

奥林匹克精神的崇敬的生动表现。

三、新闻特写的类型

新闻特写有不同的划分标准，目前，常见的新闻特写是根据其内容来进行划分的，这也是工作中经常用到的分类方法。新闻特写根据内容可大致分为事件特写、人物特写、专题特写和场面特写四类。

（一）事件特写

事件特写主要侧重于摄取与再现重大事件的关键性场面，它可以描写一个独立新闻或新闻事件的局部，也可以选取一两个精选镜头着重描绘，还可以组合精选事件的一个或几个场景。以下所示的内容就是某新闻报道中对章小姐乘车始末的场景特写。

今天8时10分许，章小姐在广兰路地铁站出站后，看到一辆1058路公交车正好进站，她赶紧迎面朝车头跑过去。"当时，距离大概50多米，司机看到我一直在跑，看到我已经跑到车门口了，一直看到我前面那个人上了车之后，竟然当着我的面，就把车门给关了。"

"挤不上这一班车，我就要迟到了，老板的脸色可不好看！"章小姐此时心焦不已。于是，一边拍着车门，一边和驾驶员解释，想要上车。"但是，司机不但不理睬我，还想要启动车辆往前开。"在章女士的再三请求下，司机才终于开了门。章小姐表示，在这个过程中，车辆并未出站，她认为司机完全没有服务意识。

（二）人物特写

人物特写是指对人物特点的突出描绘，新闻编辑在写作时可以再现人物的某种行为或活动片段，也可以精选展现人物特点的语言、特殊爱好、面部特征等，其写作重点是绘声绘色，突出人物个性。以下所示为人物特写的一段典型描写，它抓住了主人公的面部特征及行为举止，凸显其性格品质。

55岁的其美（化名）是典型的康巴汉子：个子高大，一头长发，右脸上还有一道明显的伤疤。这道伤疤透露了他曾经遭遇的危险和苦痛——2012年9月的一天，其美（化名）驾车返回甘孜，行至一陡坡处，突然冒出12个人，手舞砍刀、铁棒将邮车团团围住。"机要邮件！"其美（化名）脑海里闪出的是这四个字。每一车邮件中，都有一个特别的邮袋装着机要邮件。"大件不离人，小件不离身"是对机要邮件管理的特别规定，在其美（化名）心里，那是比自己生命还珍贵的东西。他毅然挡在邮车前面，高吼道："不准砸邮车！"瞬间，刀、铁棒、拳脚，齐齐落在他身上。

搏斗中，其美（化名）身中17刀，肋骨被打断4根，头盖骨被掀掉一块。在重症监护室里，其美（化名）躺了7天，住院的半年里，他经历了6次大小手术。

出院后，其美（化名）的左手因肌腱断裂一直无法合拢，他不得不暂别岗位。"那段时间，他变得沉默寡言。"泽仁（化名）说。

但其美（化名）却不愿认命。"忘不掉藏汉群众拆包裹时高兴的样子，我要重上邮路。"为此，其美（化名）四处求医，依靠偏方使左手康复。一年后，其美（化名）回归车队，那一天，同事为他献上了哈达，他却转身将哈达系上了邮车。其美（化名）说，只有托运着邮件，才能感觉曾经的自己又回来了。

（三）专题特写

专题特写是指从某问题、事件或现象的某一方面去集中描述某个对象，以使对象更加形象、立体，突出主题，同时增强对现场画面感的塑造，表现效果强。如下所示为"8·11"抗洪抢险专题特写的报道，该报道塑造了一个探亲军人在家乡遇险时投入抗洪大军的勇毅形象，这种军人精神让人敬佩折服。

镜头中身穿黄色背心的小伙子名叫杨某，今年才22岁，是一名人民解放军士官，8月11日，刚刚回家探亲才两天的他，遇上了家乡官渡遭受百年不遇的洪水灾害，顾不得自己家中也被洪水浸泡，杨某毅然参加了抗洪救灾的队伍，和前来支援的民兵队伍一起清除淤泥，一干就是7天，等清淤工作基本完成时，他也马上就要返回部队。

记者来到杨某的家中,看到被洪水浸泡后,家里的小卖部已经在家人的努力下打扫干净了,只是里面的货物已是荡然无存,家中的家电、房屋等也受到了不小的损失,杨某的叔叔正一个人在整理屋子。

(四)场面特写

场面特写是对新闻事件中经典场景的再现,自然景观、工作场面等都可作为场面特写的材料。以下所示为某干部去下级村镇慰问地震受灾村民的特写片段节选,通过对受灾村民过节景象的刻画,以及书记与村民一问一答场面的描述,塑造了一个牵挂群众的干部形象。

上午10点过,某干部来到青川县凉水镇友谊村蓬溪口组,一排崭新的木架房展现在眼前,家家户户的门口都挂着红灯笼,门上贴着春联,节庆的气息扑面而来。房主人说:"我家5口人,去年因地震形成了新的地质灾害,使我们住在山上的13户村民无法居住,是党和国家给我们补助让我们迁下山,镇、村干部也经常来指导和解决困难,我是上个星期三搬进新房的,现在的房子能抗八级地震呢!"

问及年货准备得怎样时,在场的人们异口同声地说:"米面肉油都很充足,大灾之后我们仍然过上了欢乐年!"

新闻特写的写作结构并没有固定的格式,但需要遵循新闻的写作方法,要先用一个吸引人的开头,先声夺人,然后通过情节、细节的塑造交代事件的过程、背景。不同的是,新闻特写的内容和表述更加多彩生动,注重抓取场景,能再现现场。

第五章 通讯与深度报道的写作技巧

第三节 新闻评论

在新的媒介环境下,传统媒体的生存面临着新的挑战,传统媒体与新媒体互相融合,与时俱进的媒体发展趋势为媒体融合提供了便利的条件,并加速了媒体融合。在媒体融合的力量之下,同时也拓宽了网络新闻评论之路。

一、萌芽——"晓之以理"的交流方式

当下,互联网时代中国新闻评论界也在逐渐发生变化,不管是平台还是评论人都有着和以前不同的点。发布平台方面,微信崛起;人员方面,评论员从传统媒体向新媒体倾斜。现在的网媒时代众声喧哗,尖锐的观点和激进的表达可能能引人侧目,却不一定能达到真正意义上的交流,很多时候不过是自说自话,而评论,一定要以交流为目的。因此,建立在深入观察和严密逻辑之上的冷静而温情的款款道来,更容易完成思想的对话,也有利于对讨论、写作产生积极的社会影响。

在《文明风尚逐步兴起》(载于《沂蒙晚报》11月13日头版)一文中,让市民成为主角,讲述自己的观点。一位市民来电表示,自己在学习了一些社会责任和文明礼仪方面的知识后,他开始转变自己的行为习惯,如进行垃圾分类、文明驾驶、不随地吐痰等等,他认为这些习惯的改变不仅仅是对自己的负责,也是对社会的负责。另一位市民则表示,他积极参与志愿服务和公益活动,并且通过自己的行动来影响身边的人,让更多的人关注社会责任和公共环境。他认为,文明风尚的兴起需要每一个人的参与和努力,只有从自身做起,才能影响到更多的人。这些市民的行为和言论充分体现了文明风尚的兴起和公民素质的提高,同时也对于社会发展和和谐稳定产生了积极的影响。

二、初探——"精益求真"的传播媒介

有人说,新闻评论是点评生活、时事、人和体育事件,抽丝剥茧、去伪存真,还原新闻事件背后的事实真相,使人在获得理性判断与思考的同时感受来自自己独特的魅力。同时做新闻评论要说真话,才能够使人们了解获知其中的道理,让人们在真理的说教中获得真实的东西。

但也有人说其实真理不需要说教,需要的是真诚地交流和准确地表达;新闻评论对象大部分是新闻事件,而且是新近发生的、具有普遍意义的新闻事件,除此之外,一些热点问题也是新闻评论的对象,它们的时效性可能不是很高,但具有很强的关注度和思想性。

三、发展——"积极热忱"的价值观念

现在一篇好的新闻评论,既反映作者认识问题、把握新闻的能力,也反映其通过大众传播媒介有效率地表达观点的能力。而新闻评论的重点在于作者认识问题的能力,以及是否有效表达的能力,两者既有区别,又有关联。认识能力,可以通过日常的阅读、积累来完成;表达能力,则可以通过实践来提高,要想学好新闻评论"一定不能手懒,要通过写作,激发自我学习的欲望。"

四、新闻评论的写作手法

在新闻通讯中,述评是一种常见的体裁。述评的基本要求是有"述"有"评",一边叙述、一边评论。述评通常用于反映本单位、本行业乃至全国、全世界的重要事件或热点问题,它以事实为依据,加以有说服力的论点、论据、论证,构成一篇完美的文章。

述评的写作手法包括一是摆出事实,以事实为依据发议论,不做逻辑推理。二是寓理于事,夹叙夹议,叙中明理。三是摆事实,有纵向比较(现在与过去对比),又有横向比较(如本地与外地比),增强了事实的说服力。四是数字多样

化处理,如用几分之几、百分比、多少亿元、第几,等等,不千篇一律。五是用拟人手法,如"被链子锁住的巨人""主角""工业巨人"等,使文章鲜活起来。

　　写述评先要明晰地说出这个事情的现象,其次引出问题的原因、由来以及对社会的影响。最好是有报道、数字作为论据,这样可使人信服。然后,再对这一件事情进行分析,提出解决的办法,呼吁更多的人予以关注。

第四节 深度报道

当前,深度报道以其追求报道的深度、广度和逻辑性的特点,在各类新闻媒体中占据了越来越重要的地位。

一、深度报道的特征

深度报道具有明显的特征。从报道所关注的重点来看,客观报道主要关注某个新闻事件本身,是一种点状、孤立式的报道方式,即"一人一地一事一报"。而深度报道则关注某个新闻事件的点的延伸和联系,它要求展示新闻事实的宏观背景和结构。因此,深度报道突破了"一人一地一事一报"的报道模式,它对新闻事实进行跨越时空、由表及里、从内到外的综合反映。

深度报道强调在报道中展示新闻事件的广阔内涵和关联关系,而不仅仅局限于个别事件本身。它要求记者将新闻事件置于更大的背景中,揭示其深层次的原因和影响。深度报道的目标是提供更加全面、深入的信息,让读者能够更好地理解和分析新闻事件的背后故事和意义。

深度报道不是一种新闻文体,而是一种报道方式,是记者在追求的一种理念、一种思想方法。消息可以是深度报道,通讯可以是深度报道,图片报道也可成为深度报道。

现在我们每天晚上七点所看的《新闻联播》,内容基本上是一般报道,或称之为普通报道;而七点四十分播出的《焦点访谈》,大多为深度报道。一般报道把事实说出来即可。比如,何地发生了台风,造成了什么伤害。而深度报道却要运用解释、分析、预测的方法,从历史渊源、因果关系、矛盾演变、影响作用、

第五章　通讯与深度报道的写作技巧

发展趋势等方面进行详尽的报道。通过系统的材料、客观的解释、科学的分析，从而全面深入地拓展了新闻内涵。

二、怎样才能写好深度报道

要做好一篇新闻报道，首要前提是进行充分的采访。采访是新闻报道中至关重要的环节，而优秀的写作往往基于成功的采访基础之上。写好深度报道需要投入时间和精力进行研究和采访，以获得全面、准确和深入的信息。特别是要寻找独家报道的机会，即那些其他媒体尚未揭露或关注的事物。此外，通过提供独特的观点和分析，使你的报道与众不同，增加其价值和影响力。

在采访中追求深度而不是表面。不仅仅问表面问题，还要追问为什么、如何、对谁产生了什么样的影响等。通过深入的采访，挖掘出更多细节和见解。除了报道事件本身，还可以深入挖掘相关背景故事和人物的经历。这样的描写可以使读者更好地理解事件的背后故事，增加报道的情感共鸣。充分的采访是实现深度报道的关键。通过细致入微的采访和全面的新闻调查，记者可以获取更多的事实信息，为深度报道提供可靠的素材和观点。同时，思考和分析能力也是不可或缺的，它们可以帮助记者将新闻事件置于更广阔的背景中，展示其深层次的含义和影响。

其次，要有一个比较有吸引力的开头和鲜活的细节。由于深度报道篇幅较长，与简短有力的新闻导语相比，深度报道的开头需要更具吸引力，能够激发读者的好奇心。如果开头平淡乏味，读者可能失去继续阅读的兴趣。因此，深度报道需要通过鲜活的细节描写来吸引读者。

在运用细节时，需要注意以下几点：首先，突出主要且具代表性的细节，将其凸显出来，并进行充分的描述和展示。其次，选择具有画面感的细节，同时要注意叙述的节奏感，让报道的描写具有起伏和吸引力。再次，不是所有的细节都需要以可爱或轻松的笔触，要根据报道的主题和氛围适度选择。最后，如果要突出某个部分的细节,有时需要通过省略其他细节来实现。

在细节描写中,要确保还原事实真相,重现当时的情景。对于读者来说,事实本身是最重要的,真实还原事实的原貌至关重要。记者的主观感受和华丽的辞藻并不是读者在获取新闻信息时所需要的。因此,在深度报道中,记者应该注重事实的客观还原,让读者能够亲身感受到报道所描绘的情景和事件。

深度报道需要有一个吸引人的开头和生动的细节描写。通过精心选择和描绘具有代表性、画面感和节奏感的细节,记者可以吸引读者的注意力并引导他们深入阅读。同时,记者应该注重事实的还原和真实性,让读者能够获得准确的信息和情感共鸣。

此外,对深度报道而言,突出思想性也十分重要。在当今的新闻报道中,受众不仅仅满足于了解事件本身和现场情况,还希望及时了解社会各界对事件的反应和思考。传媒不再仅仅充当"记录者",还要积极扮演"守望者"和"思想者"的角色,引导社会舆论。深度报道可以承担起这一责任,在帮助人们梳理观点和引发思考方面具有独特的魅力。

对于深度报道的记者来说,他们需要成为"思想者",善于提出独到的观点,并引导舆论的发展。这要求他们具备发散性思维的能力,常见的方式包括连续式和系列式报道。连续式报道是指在一定时期内对新闻事件和新闻人物进行持续性报道,注重事件的同一性和内容的连贯性。这种报道方式通常追踪事件的发展变化和追溯事实的轨迹,以探索问题的本质和事件的来龙去脉。它通过随着事件进展和人们对事件认识的加深而逐步展开报道,能够激起受众的关注,吸引社会参与,并一起探索和反思。

而系列报道则侧重于对典型的新闻人物、事件现象和问题进行多角度、多侧面、多层次的报道。它不仅仅追踪和描述事件的发展过程,更通过深入剖析人物和现实,具有较强的透视力。这种报道方式被称为"系列报道"。深度报道需要突出思想性,记者需要成为"思想者",善于提出有见地的观点并引导舆论。发

第五章　通讯与深度报道的写作技巧

散性思维的运用在深度报道中至关重要，常见的方式包括连续式和系列式报道。这样的报道方式能够引发读者的思考，促进社会对事件和问题的深入探讨。

三、深度报道实例分析

要写好深度报道，记者首先需要掌握事件的真相，了解其来龙去脉，包括事件的背景、过程、趋势和前景。通过对事件的分析，记者可以提出对策和建议，引导读者深入思考。深度报道使记者从简单的观察转向深入思考，从感性的描述转向理性的分析，从单纯的调查转向深入研究，从收集材料转向实地调研和提出解决办法。这增加了记者的责任感和使命感。

相比一般报道，深度报道更注重回答新闻要素中的"为什么"和"怎么样"。通过回答这两个问题，深度报道能够提供更深入、更全面的分析和解释。因此，在一般报道的基础上，加上对事件的深入解读和分析，可以增加报道的深度和观点的独特性。总结起来，深度报道需要掌握事件的真相、了解其来龙去脉，并提供详尽的报道内容。它的特点包括主题的鲜明性、题材的重要性、报道的详尽性和表现手法的多样性。通过回答"为什么"和"怎么样"，深度报道能够提供更深入、更具分析性的报道内容。

深度报道的篇幅总体而言比一般报道长一些，但长的报道不一定就是深度报道。这一点，在写作时必须注意。下面，我们通过对一个深度报道的实例分析，来学会深度报道的写法。

在《文化产业遍地开花 宣传工作成效显著》（载于《沂蒙晚报》2008年12月30日头版）一文中，深入分析了宣传工作的成效和对文化产业发展的重要作用。报道中指出，宣传工作在文化产业发展中具有不可忽视的作用，可以带来品牌效应、社会影响、市场推广等多方面的好处。

该报道提出了一些具有针对性的对策和建议，如创新宣传方式、提高宣传效果等。这些对策和建议的提出，不仅为宣传工作者提供了实用的参考和启示，也为文化产业的发展提供了有益的思路和方向。通过这篇深度报道，读者可以更加深入地了解文化产业的现状和发展情况，同时也可以了解到宣传工作在文化产业发展中的重要作用和存在的问题。这样的报道不仅有助于推动文化产业的健康发展，也能为社会各界提供有益的启示和参考。

第五章 通讯与深度报道的写作技巧

第五节 数据新闻

随着经济的发展和信息技术的进步，数据新闻在全球范围内受到越来越多的关注，在主流媒体中还设立了专门的部门来研究和应用数据新闻。然而，目前对于数据新闻的关注仍存在一些偏颇，主要表现为实践比理论更受重视，导致数据新闻实践存在一定程度的盲目性。这可能意味着在数据新闻领域，实际操作和技术应用被更加重视，而对于数据新闻的理论特征和内涵的深入探讨和研究相对不足。

为了促进数据新闻实践的创新和发展，确实需要更加深入的探讨和研究数据新闻的理论特征和内涵。这包括对数据新闻的定义、数据新闻的价值和意义、数据新闻的制作和传播流程、数据新闻的伦理和可信度等方面的研究。通过深入的理论研究，我们可以更好地理解数据新闻的本质和特点，为数据新闻实践提供指导和规范，推动数据新闻实践不断获得新的应用成果。

此外，数据新闻的发展还需要跨学科的合作和交流。数据新闻涉及数据分析和可视化、新闻传播等多个领域的知识和技术，需要记者、编辑、数据分析师、设计师等不同专业背景的人才共同合作。通过跨学科的合作，可以充分发挥各个领域的优势，提高数据新闻的质量和效果。

一、数据新闻的内涵及特征

数据新闻是一种基于数据的抓取、挖掘、统计、分析和可视化呈现的新型新闻报道方式，它在大数据技术背景下产生并得到广泛应用。数据新闻通过对数据进行结构化处理，并与信息图表等设计制作相结合，以多种形式进行创新，旨在深度挖掘新闻内容。数据新闻的应用形式以信息化科技为基础，通过图表等方式实现信息的可视化呈现。在数据新闻领域中，数据的可视化对于数据新闻的应用效果和受众的接收效果具有重要影响。

尽管学术界尚未对数据新闻进行明确的界定，但新闻界已经开始积极探索和应用数据新闻。尽管实践是非常重要的，但对于数据新闻的理论研究也至关重要。一些学者认为，通过信息图表等形式对新闻进行全面的数据化有助于新闻的深化和拓展，是指导数据新闻发展方向的必要举措。数据新闻是一种新型的新闻报道方式，它改变了传统新闻生产流程，并对新闻产业的发展和未来的媒体发展方向产生重要推动作用。数据新闻通过数据的抓取、挖掘、统计、分析和可视化呈现，为新闻报道提供了更深入和全面的视角。通过数据的可视化，数据新闻能够更好地传达信息、提供洞察和引发读者的兴趣。数据新闻的发展还需要进一步的理论研究和实践探索，以推动其在新闻领域的应用和创新。

数据新闻与传统新闻报道有着明显的区别，主要体现在以下几个方面。首先，数据新闻的重点是呈现问题而不是解释问题。它通过数据的可视化呈现，侧重于向受众展示问题的细节和全貌。其次，数据新闻的生产流程与传统新闻不同。它涉及对数据的反复搜集、筛选和重组，旨在深度挖掘新闻中的数据内容，并通过可视化手段将数据呈现给受众，以创造新的新闻故事和表现形式。

数据新闻具有以下几个特征。首先，数据新闻的目的是基于维护公共利益。它通过将信息进行数据化处理，使受众能够实时了解数据化时代的背景和变迁。其次，数据新闻建立在信息透明的基础上，数据的公开是数据新闻形成的前提条件。再次，数据新闻依赖于科学有效的信息系统和程序对数据进行处理，以深度挖掘宏观背景和抽象数据背后的新闻故事。最后，数据新闻的展现形式以形象化、互动性为特点。通过简化复杂抽象的数据，以生动、直观、具体的方式为受众呈现丰富的新闻内容。

数据新闻与传统新闻报道在呈现重点、生产流程和展现形式等方面存在明显差异。数据新闻通过可视化手段向受众展示问题的细节和全貌,以形象化、互动性为特点,为受众呈现丰富的新闻内容。数据新闻的发展需要依托信息透明和科学有效的处理方式,以实现对数据的深度挖掘,并为新闻产业的发展和媒体的未来方向注入重要的推动力量。总之,数据新闻是一种具有创新性和前瞻性的新型新闻报道方式,其理论特征和内涵的探讨和研究对于数据新闻实践的创新和发展具有重要的推动作用。

二、数据新闻的理念价值

一直以来,传统新闻的弊端,是单纯告诉公众是什么,对为什么则不加提及,新闻分析匮乏。而数据新闻的出现为传播形态的改变提供了不同的视角,它通过撷取、挖掘、统计大量数据为公众呈现出平时看不到、想不到的深度新闻,让受众自己在数据中发掘新闻,了解新闻的产生原因。这样其实就是给受众可供自己选择的空间,对于真正意义上实现了新闻传播的作用。

数据新闻不仅能够传达发布方想要传达的信息,而且可以帮助读者找到深度内容,帮助公众获取想要的新闻信息,从而增强公众对内容的黏性。这种关系在近几年的新闻传播中更为明显,新闻不再局限于发布者的引导,而是给了公众一定的参与性,与公众切身利益紧密相关。所以,数据新闻能够让公众在文本中抽取与己紧密相关的重要信息,和新闻价值的重要性、接近性相一致,也是事件真实性最大化的有利提升。数据新闻在新闻业界的兴起和应用,对新闻工作者的思维方式、组织结构和创新精神都带来了重要影响。随着大数据时代的发展,数据新闻将继续发挥重要作用,为新闻业界带来更多的机遇。

三、数据新闻的实践意义

当前我国数据新闻的实践应用在数据时代背景下表现出极大的优势,但同时也存在一些问题和挑战。相比于西方国家，我国的数据新闻实践还有很大的发展空间。

在我国，虽然多家报纸媒体已经应用数据新闻实践，并将更多地涉及各个领域，但是数据的可视化水平相对较低，新闻的报道模式也过于单一，并且数据新闻理论的研究明显滞后。此外，对于核心技术的应用，仍然存在一定的限制性，需要进一步加强相关技术的研发和应用。

以《昨日我市客运量创新高》（《沂蒙晚报》2008年2月3日头条）为例：

据我市春运办公室统计，2日我市发送客运车辆10165个班次，共完成客运量14.45万人次，比去年同期略有上涨。其中，区内客流增长约30%，我市汽车客运总站安排调度多辆应急班次加班发车，莒南、郯城等线路尤为繁忙。

由于部分地方再次出现雨雪天气，我市54条线路、93个班次受到影响，造成3300余人出行困难。

通过对我市客运量的数据进行统计和分析，报道展示了我市春运客运量的情况，并结合实际天气情况进行了详细的解读。该报道中，数据的可视化程度相对较低，仅通过文字进行了简单的描述，这也是目前我国数据新闻实践中存在的问题之一。在未来的发展中，需要加强数据可视化技术的应用，通过更加直观、生动的图表和图像，将数据更好地呈现给读者，提高数据新闻的传播效果和影响力。

同时，该报道也存在局限，报道模式比较传统，缺少创新和差异化的元素。在未来的数据新闻实践中，需要探索更加多元化、创新化的报道模式，将数据与其他元素结合起来，形成更加丰富、多样化的报道形式，提高读者的阅读体验和参与度。

除此之外，数据新闻的理论研究在我国也仍然存在滞后的情况。在未来的发展中，需要加强数据新闻理论的研究，探索更加深入和全面的数据新闻应用模式，为数据新闻实践提供更加科学、系统的指导和支撑。

相比之下，西方国家在数据新闻实践方面有着更为丰富的经验和成熟的理论体系。数据新闻在西方新闻界的实践可以追溯到十九世纪,《卫报》在创刊第一期关于未成年教育的报道被视为最早的数据新闻。虽然早期对于数据的处理技术远远不能与现在相提并论,但是其出发点与现代数据新闻一致,并有着相同的程序。

在现代的数据新闻实践中,西方国家的新闻业界会先通过互联网搜寻相关公共数据信息,并运用工具进行数据的有效筛选;再对结果进行分析,用"讲故事"的方式服务于受众;最后,对数据分析得出的结论予以分享,供相关部门或受众进行数据评论或者参考。这种生产流程已经逐渐形成了一套完整的理论体系和技术架构,可以为我国数据新闻实践提供借鉴。

四、数据新闻的发展前景

为了促进数据新闻在我国的发展,需要从多个方面进行努力。

加强数据可视化创新:数据可视化是数据新闻的核心部分,需要研发更高效、简洁的图表和交互形式,同时加强核心技术的应用,如机器学习和人工智能等。

全球化视野:要将数据新闻实践走向国际化,通过互联网、数字平台和硬件媒介等渠道,打造具有中国特色的数据新闻,并加强与国外相关领域进行交流和合作。

多样化探索:要加强数据新闻的理论建设,将数据新闻与各个领域相结合,构建多元化的盈利平台,丰富新闻报道内容,拓展报道形式,为新闻工作者的创新营造良好条件。

加强研究:要加强对提高数据可视化水平的研究,借鉴先进经验,与多方面开展广泛的合作,为提高数据可视化水平创造有效途径。

数据新闻是新闻业界的未来趋势,需要加强理论建设,探索新的报道形式,通过多方面的努力,促进数据新闻在我国的发展。

第六节 可视化报道

随着传统媒体在融媒体时代的转型，新闻报道也在不断地创新和发展。可视化新闻作为一种新的传播方式，已经成为新闻报道中不可或缺的一部分。相比于传统的文字报道，可视化新闻具有技术创新性和视觉冲击力，能够通过图像、视频、动画等多种形式呈现数据和信息，使得新闻报道更加生动立体，受到了人们广泛的关注和喜爱。可视化新闻的出现，不仅丰富了新闻报道的形式和内容，而且为新闻传播提供了更加直观、便捷、高效的方式，成为新闻传播领域的重要趋势之一。

一、可视化新闻的概念

目前对于可视化新闻的定义还没有达成统一的共识。可视化新闻的形态和流程的确需要在学术界进行更加深入地研究和探讨。另外，随着技术和媒介的不断变革，可视化新闻也会不断地发展进步，因此在定义可视化新闻时应该考虑到这种流动性，避免过于固化和死板。不过，无论如何，可视化新闻都是以数字化制作为基础，运用信息技术将信息进行可视化生产的一种新闻媒体报道形式，其具有丰富多彩、直观生动的特点，为新闻报道和传播带来了前所未有的机遇和挑战。

（一）基于新闻呈现形态的角度

可视化新闻的呈现形态确实需要基于数据、信息和媒介这三个重要因素。数据是可视化新闻的基础和关键，它需要经过处理、分析、选择等步骤才能形成有用的新闻信息。信息则是新闻的核心，可视化新闻需要传递有价值有内容的信息给大众。而媒介则是将新闻呈现出来的方式，可视化新闻需要借助可视化媒介，例如图片、表格、视频等形式，来让受众更加直观地理解新闻内容。

可视化新闻与传统新闻最大的区别在于其可视化的特点。可视化新闻不仅仅是简单地将新闻信息用图片、表格、视频等形式呈现出来，而是将新闻信息通过立体化和交互性处理，让受众能够更加深入地理解新闻内容。在现代社会中，可视化技术已经成为一种不可或缺的新兴技术，存在于新型媒体的各个方面。

举个例子，中国日报新媒体图图是道工作室创作的《好听的H5！这些唱歌了几十年，还是那么感人》交互式媒体产品，通过选取代表不同时代风貌的红色歌曲，让用户在聆听歌曲的同时了解中国共产党的历史和精神。该产品通过动画游戏等形式，让用户获得奖章海报，并鼓励分享二次传播，取得了广泛的传播力和影响力。这个例子充分说明了可视化新闻的生动性和直观性，以及其在新闻传播中的重要作用。

（二）基于新闻生产流程的角度

新闻可视化的生产流程在数字化时代发生了显著的变化。传统媒体时代，新闻记者和编辑主要通过采写编这三个步骤来实现新闻可视化。然而，随着新技术的发展和传统媒体向新媒体的转型，新闻的生产流程变得更加注重信息挖掘和可视化呈现，并与大数据、人工智能等技术相结合，以提高信息处理的效率和准确性。现在的新闻可视化生产流程通常包括以下步骤。

数据收集和清理：新闻工作者需要从各种来源收集大量的数据，例如统计数据、社交媒体数据、传感器数据等。然后对数据进行清理和整理，确保其准确和可用。

数据分析和挖掘：在这一步骤中，新闻工作者使用数据分析工具和技术，探索数据中的模式、趋势和关系。他们可能使用统计分析、文本挖掘、机器学习等方法，以发现新闻报道中的有趣信息和价值。

可视化设计：在这一阶段，新闻工作者使用可视化工具和技术将数据转化为可视化形式，例如图表、地图、图像等。他们需要考虑受众的需求和理解能力，设计易于理解和吸引人的可视化图形。

可视化呈现和发布：新闻工作者将设计好的可视化图形嵌入到新闻报道中，或者发布在网站、移动应用程序等媒体平台上。他们可能还会添加说明文本、标题和注释，以帮助受众理解和解读可视化图形。

用户交互和反馈：新闻工作者还可以提供用户交互功能，使受众能够与可视化图形进行互动和探索。同时，他们也可以收集用户反馈和数据，以改进和优化可视化新闻作品。

现代新闻可视化的生产流程更加注重数据分析和可视化设计，借助新技术和工具，使信息更加生动、易懂，提高受众获取和传递信息的效率。这种新闻可视化的发展趋势将继续受到数字化时代的推动，并为新闻行业带来更多的创新和机遇。

（三）基于新闻行业发展的角度

随着大数据时代的到来，信息的公开化和透明化正在成为一种趋势，这也促使新闻行业的发展得到政府和社会的更多关注。同时，新媒体技术的迅猛发展为新闻传播提供了更多样化的途径和方式。现在，每个人都有发表新闻信息的权利，并且可以通过多种手段和方式进行传播，这使得新闻传播更加便捷和快速。

可视化新闻作为一种新兴形式，受到现代社会人类思维观念和生活节奏加快的影响。人们需要快速浏览并理解信息，这促进了可视化新闻的发展。相比传统媒体，可视化新闻更加快速和易于理解，能够帮助人们轻松获取所需信息而不费太多精力。

在中国，可视化新闻的发展也得到了政策的支持。可视化新闻在展现国家形象、推动公众理解和参与方面发挥着重要作用。政府和相关机构鼓励媒体采用可视化手段，通过生动有趣的图表、图像和动画等形式，将复杂的信息和数据呈现给公众，提高信息的传递效果。随着信息时代的发展，可视化新闻作为一种快速、易懂的信息传播形式，正逐渐受到人们的青睐。它不仅符合现代社会人们获取信息的需求，也体现了一个国家和社会的发展水平。在政策的支持下，可视化新闻有望在新闻行业中发挥越来越重要的作用。

二、可视化新闻的特点

高效的传播方式：可视化新闻利用图表、图像、动画和短视频等形式来呈现新闻信息，通过多种感官元素刺激受众的视听，吸引他们的注意力，激发他们了解和传播的兴趣。相比于传统的文字报道，可视化新闻能够更加生动有趣地传达信息，提高了信息传播的效率。

多样的传播形态：可视化新闻不仅存在静态的形式，如图表和图像，还包括动态的呈现，如动画和短视频。通过多样化的传播形态，可视化新闻增加了交互性，使受众能够更好地参与其中，深入了解新闻内容。这种多样性不仅提升了受众的参与度，还有助于更清晰地传递新闻的核心信息，提高了传播的效果和效率。

数据化的表达方式：可视化新闻以数据为基础，将数据收集、整理和可视化呈现作为核心内容。通过使用图表、图像和地图等数据可视化工具，新闻信息以立体化的方式展现给受众，使其更易于理解和消化。可视化新闻的数据化表达方式提升了新闻的可读性和客观性，帮助受众更好地理解复杂的信息和趋势。

提供直观的信息呈现：可视化新闻通过直观的可视化图形和图像，将抽象的概念和复杂的数据转化为易于理解和解读的形式。这种直观的信息呈现方式使受众能够快速获取新闻的核心内容，并对其进行深入思考和讨论。

可视化新闻通过高效的传播方式、多样的传播形态、数据化的表达方式和直观的信息呈现，使新闻更易于理解和传播。这种形式的发展有助于提升新闻传播的效果和受众参与度，推动了新闻行业的创新和发展。

三、可视化新闻的内容分析叙事策略

可视化新闻在报道内容和视角层面上与传统新闻有所不同，其重点是通过直观的视觉呈现方式，让受众更加轻松地理解新闻内容。可视化新闻不仅注重新闻的客观性，更强调新闻的人文性和故事性，通过视觉化的方式展现新闻事件，并从人们最关心的角度入手，关注社会民生问题，体现出了新闻的公共性和传导价值，这也是可视化新闻倍受人们喜爱和使用的重要原因之一。

（一）报道内容

可视化新闻在视角层面与传统新闻有所不同。传统新闻注重客观事实的说明，力求实事求是地报道事件的具体情况。而可视化新闻在报道时更注重新闻的故事性和人文性，不仅叙述事实，还将视角贴近人们的生活，关注新闻所反映的人文情感和民众诉求。它更加贴近社会民生的视角，更关注公共利益，也更贴近受众的需求。

（二）视角层面

可视化新闻与传统新闻的报道方式有所不同。传统新闻注重客观事实的报道，而可视化新闻更加注重新闻的故事性和人文性，将新闻事件呈现在更贴近人们生活的角度，关注新闻所反映的人文情感和人民诉求。它的视角与主题更加贴近社会民生。

可视化新闻通过注重新闻的故事性和人文性，将新闻事件置于更贴近人们生活的视角，关注人文情感和人民诉求。它更加关注社会民生，公共利益，并且能够满足受众的需求。这种特点使得可视化新闻在传播信息的同时也具备了传导价值的功能，具有更广泛的影响力和意义。

四、可视化新闻的未来发展趋势

随着科技的发展和新媒体的出现，可视化新闻已经成为一种重要的新闻形式，具有更多的优势和意义。在未来，可视化新闻将继续发展，其内容、理念和意义也将更加深入人心。可视化新闻的互动性使得受众的反馈成为新闻内容的重要组成部分，扩展了新闻的内容和视角，使得新闻更加全面和有价值。新闻理念也将随着技术的进步而变化，这要求从业人员具备更强的视觉审美能力，更加注重受众的感受。未来,可视化新闻将更加注重对数据进行深入地梳理和挖掘,呈现出新的视角和联系,具有更深远的意义和影响。因此,我国应该在可视化新闻领域引进先进人才、建立专业团队、创新新闻理念和思维、不断发展可视化新闻,以满足受众的需求,并且让可视化新闻在传播信息和传导价值方面发挥更加重要的作用。

第六章
新闻写作实战

在新闻出版工作中,编辑的作用十分重要。各报社、杂志社都有编辑部,并设有总编辑、副总编辑、主编等职务。报社设立的记者部,也是归编辑部领导,至今未听说有"总记者""副总记者"的职务。由此可见编辑工作的分量之重。

有人说编辑工作是"为他人作嫁衣裳"。唐朝诗人秦韬玉有诗云:"苦为年年压金线,为他人作嫁衣裳。"是一位贫女的生活写照。编辑工作的作"嫁衣裳",指的是默默无闻的辛勤劳动,为他人修改稿件。

有人总结了做好编辑工作的几大要素:首先是心态要放正,要有耐心,要宽容,不能自怨自艾,对待名人也要不卑不亢;其次是要有丰富的学识,"学富五车""博学多才""见多识广"是很有必要的;最后是必须熟练编辑业务,从篇章的调整、段落的设置、错别字的纠正、逻辑的理顺,直至标点符号的正确使用都能得心应手,运用自如。

在"为他人作嫁衣裳"的过程中,要把这衣裳做得漂亮,做得精彩,必须进行创造性的劳动。编辑的再创作、集大成、把好关,贯彻好编辑部方针,使编辑工作成为报纸、杂志工作的中心环节。只有当过编辑,才能知道哪篇文章重要,哪篇文章次要,才能把文章写得深入浅出,引人入胜,才有敢写评论的底气。因此,任何重记者、轻编辑的观点都是站不住脚的。

第一节 选稿改稿

戈公振先生曾指出，新闻是"发生事件之报告，但于报学之处置上，有散漫而不明显之憾"。对于媒体来说，要做到最全面、最权威、最及时的报道，需要在新闻的各个环节上下功夫。首先，在稿件选择方面，需要有一支专业的编辑团队，能够对各种信息来源进行筛选和判断，并选择最具价值和新闻价值的稿件进行报道。其次，在稿件修改方面，需要对稿件进行深入地编辑和核实，确保其准确性和客观性。然后，在标题制作方面，需要考虑到标题是否达到简洁明了、引人入胜，以便吸引读者的关注。接着，在稿件配置方面，需要将各种形式的信息整合成一个完整的报道，以便读者能够全面地了解事件的发展。最后，在版面的编排和设计方面，需要考虑到版面的整体风格和视觉效果，以便吸引读者的阅读和关注。

一、稿件的选择

新闻编辑在选稿的过程中，需要有鉴别能力和判断力，能够快速地筛选出具有新闻价值和报道优势的稿件，舍弃那些不符合标准的稿件。只有通过选取精华、舍弃糟粕的方式，才能够保证新闻报道的质量和价值，提升媒体的品牌形象。

（一）初选快速把关

初选是编辑对新闻稿件的最初的筛选，在所有来稿进行通读和分类后，根据新闻稿件的一般性选择标准，挑选出符合报道需求和具有新闻价值的稿件。在选稿的过程中，新闻编辑需要注意稿件的几个基本条件，包括真实、准确、简练、生动、具有新闻价值、符合报道需求等。此外，在初选的过程中，编辑通常需要快速地对来稿进行粗略浏览，迅速抓住具有吸引力的稿件，以便后续的挑选和筛选。

(二) 复选择优录取

复选是编辑部门对入选的新闻稿件进行第二次、较为精细的挑选。在复选的过程中，编辑需要按照质量优劣来选择稿件，坚持公平原则，而不是以人取稿。无论作者是专家名人还是普通人，都应该平等对待，不应该因为作者的身份或背景而偏袒或歧视。

在当前激烈的竞争环境下，各家媒体都争相报道公众关注度较高的新闻事件，这时候，编辑需要学会从大量的稿件中择优录取，以体现媒体的质量和特色。在挑选稿件时，编辑还需注意新闻的真实性和客观性，避免出现虚假和不实的报道。同时，还需要注重报道的全面性和多样性，以便读者能够了解事件的各个方面和不同的观点。

(三) 排序法定选

排序法定选是编辑在选稿过程中的最后一环节，通过调查受众关注的新闻方向，对新闻内容进行关注度排序，以了解受众对信息需求的期望方向。在排序的过程中，编辑可以根据受众的关注度选择具有较高排名的新闻内容，以更合理地进行稿件选择和分配，实现受众满意和媒体竞争的双赢。

在排序法定选的过程中，编辑需要注意以下几个方面。首先，需要关注当前时事热点和受众的关注度，选择符合受众需求和新闻价值的稿件。其次，需要根据媒体的定位和特色，选择符合媒体风格和口味的稿件。最后，在安排版面时，需要根据稿件的内容和长度，合理地进行排版，以保证稿件的阅读体验和质量。

二、选稿改稿的实战技巧

编辑工作面对的第一道程序是选稿。面对一大堆来稿，选什么稿件？淘汰哪些？哪些还可挽救？哪些需要精编？这些问题每天都会遇到。为此，选稿要心中有数，要掌握基本的要求，主要是把握好以下三点：一是新鲜，二是有亮点，三是能打动人。

新鲜：就是像活蹦乱跳的鲜鱼，像热气腾腾的小笼包子，是具有动感的，不是僵硬的，而是鲜活的。除了时间新之外，新典型、新角度、新发现都是可以的。

有亮点：即是文章中有闪光的地方，有与众不同的地方，有体现时代特点的细节，有让人耳目一新的感觉。用新闻术语来说，就是要有"新闻点"。有时候，一句话、一个动作，均可成为亮点。

能打动人：即是有感情色彩，有喜怒哀乐，有褒贬，有感人的场景。要舍得放弃那些老生常谈的一般性文章，放弃那些无病呻吟、隔靴搔痒的文章。

选好稿后，编辑的下一步工作就是改稿了。改稿是编辑的基本能力之一，好的编辑具备把差稿子改好的本领。有句话说得好："文章是写出来的，更是改出来的。"可以改一次，改两次，直到满意为止。

古今中外的许多写作大家都是十分重视改稿的。唐代诗人贾岛"推""敲"的故事大家都是知道的，从而诞生了"推敲"一词。杜甫则有"为人性僻耽佳句，语不惊人死不休"的名句。王安石的诗："京口瓜州一水间，钟山只隔数重山。春风又绿江南岸，明月何时照我还？"其中，这个"绿"字，当初是"到"，后来又改为"过"，仍不满意，又改为"入"，再改为"满"，最后，才敲定为"绿"。可见，他是多么用心。

鲁迅说过："写完后至少看两遍，竭力将可有可无的字、句、段删去，毫不可惜。"他还提倡要"研究大作家的手稿，看他怎样修改。"[①]俄国作家契诃夫则说："写得好的本领，就是删掉写得不好的地方的本领。"[②]

由此可见，改稿是多么重要，多么关键。不要相信"落笔成文"的谎言。没有字字推敲，反复研究，字斟句酌，一丝不苟，是诞生不了好文章的。当然，改

---

① 鲁迅：《二心集·答北斗杂志社问》，北京联合出版有限责任公司，2004，第227页。
② 陈礼林：《用系统的方法对文章做整体的修改》，《语文知识》，2016年第1期，51—52页。

稿时也不必一味仿照古人"吟安一个字,捻断数根须",或者"两句三年得,一吟双泪流",而是要领会这种认真精神,学习这种认真态度。

那么,改稿的基本步骤是什么呢?无非是以下几步:通读全文——修改硬伤（错别字、逻辑混乱等）——精简文字,使之更加质朴简练——润色,使之更加生动、文气贯通——规范（按照新闻消息或通讯格式要求）——成稿。

在这些步骤中,润色特别重要。对新闻稿件润色,就是通过修饰、优化、加强、变化等手段,使文字更加清新、动人,使稿件有起伏,与众不同,更能吸引读者,给人留下深刻印象。

第二节　标题

新闻标题是位于新闻正文内容前面，用简短的文字对新闻内容加以概括或评价的一种文本形式。它的字号通常会比正文大，其作用是划分、组织、揭示和评价新闻内容，同时吸引读者的注意力，促进读者阅读新闻。

根据不同的分类标准，新闻标题可以分为不同的种类，包括：

主题：概括新闻主题的题目。

副题：在主题后面加上补充说明的题目。

引题：引用名言或典故，以引起读者兴趣的题目。

插题：在新闻正文中插入的题目，用于引导读者。

提要题：用简洁的文字概括新闻要点的题目。

边题：在新闻正文的左侧或右侧加上的题目。

尾题：在新闻正文结尾处加上的题目。

栏目题：用于指示新闻所属的栏目的题目。

通栏题：跨越整个版面的题目，通常用于重要新闻的报道。

不同类型的新闻标题具有不同的特点和作用，编辑需要根据新闻内容和读者需求选择合适的标题类型，以提高新闻报道的质量和价值。

在新闻编辑工作中，取好标题是个学问。新闻标题是最短的新闻，新闻标题是最短的评论，新闻标题是版面的眼睛。胡乔木说，有时想一个好标题，等于写一篇文章所用精力的三分之一。邓拓说，谁要是给我想出一个好标题，我给他磕三个响头。可见标题的重要性。

报纸、期刊上发表的文章,别以为每个读者都会把它读完。据统计,约有四成读者只是看看标题,对正文并无兴趣。这一方面说明生活节奏快了,有的人没时间通读全文;另一方面也说明标题对人们的吸引力之大,它确实起到了"画龙点睛"的作用。

一、标题存在的问题

从理论的角度来衡量,在新闻标题的制作方面常见问题也不少,大致可以归纳为五种类型。

(一)位置颠倒型

复合标题是由主题和引题组成的,主题用于概括新闻的主要内容,引题则用于引起读者的兴趣。在复合标题中,主题应该位于引题之前,这是复合标题制作的基本规律。

如果引题和主题的位置颠倒,则不符合复式标题的制作规律。这样的标题可能会给读者带来困惑,影响新闻的传播效果。因此,在制作复合标题时,编辑需要注意主题和引题的位置关系,确保主题在引题之前,以便更好地概括新闻内容和吸引读者的兴趣。

(二)引题重复型

引题重复型标题是指在复合标题中,引题和主题的部分内容相同或重复,这样的标题通常会让读者感到冗长和乏味,影响阅读体验。例如:《党政工齐心协力谋发展人财物深化改革需做实(引题)×××在×××地质灾害项目检查指导工作时强调(引题)全院干部职工要有忧患意识紧迫感(主题)》。在上述例子中,引题和主题的部分内容相同,都包含了"忧患意识"和"紧迫感"等关键词汇,这就是引题重复型的标题。这样的标题会让读者感到冗长和乏味,降低阅读兴趣和体验。

为了避免引题重复型标题的出现,编辑可以采用以下方法。首先,引题和主题应该有明确的区别和差异，引起读者的兴趣，同时概括新闻的主要内容。其次，当引题和主题的部分内容相同时，编辑可以将这部分内容删减或改写，以减少标题的冗长程度和重复感。此类标题散见于通讯员、特约记者所来的稿件中，属于随意独创，任何报纸及新闻专业书籍中似乎并无这样的先例及相关介绍。

（三）虚占其位型

虚占其位型标题是指在复合标题中，引题没有发挥其应有的作用，而只是简单地列出了一些信息，没有引起读者的兴趣或概括新闻的主要内容。例如：《×××局2005年（引题）新发现煤炭资源量2.2亿吨（主题）》（见《×××地质矿产报》2006年3月1日第一版）。在上述例子中，标题中的引题"×××局2005年"并没有发挥引题的说理作用，只是简单地列出了一些信息，不能引起读者的兴趣，同时也没有概括新闻的主要内容。这样的标题实际上只有主题，没有引题，不能起到复合标题的作用。

（四）逻辑松散型

逻辑松散型标题是指在复合标题中，引题和主题之间缺乏内在的逻辑关系，标题的表达方式不够准确，容易让读者感到困惑或误解。例如：《人勤春来早 政好岁时丰（引题）×××局积极布（部）署今年工作（主题）》（见《×××地质矿产报》2007年2月7日第三版）。在上述例子中，标题中的引题"人勤春来早 政好岁时丰"与主题"×××局积极布署今年工作"之间好像没有什么内在的逻辑关系，读者很难从标题中准确地了解新闻的主要内容。此外，标题中出现的别字也会影响读者对标题的理解和信任。

（五）人云亦云型

人云亦云型标题是指在新闻标题制作中，缺乏独创性和创新性，沿袭惯例，缺乏新颖的表达方式和思维方式。如：《病魔无情人有情》《群雁高飞头雁领》《于细微处见精神》《梅花香自苦寒来》等等。在上述例子中，标题中的"病魔无情人有情""群雁高飞头雁领""于细微处见精神""梅花香自苦寒来"等都已多次使用，缺乏独创性和创新性。这样的标题不能引起读者的兴趣，也不能准确概括新闻的主要内容。

二、标题的类型

标题的拟定要把握好"维纳斯原则"，即残缺美。不要面面俱到，不要想把什么都写进标题去，不必把新闻的五要素都写进去，而是要有取有舍，把主题加以突出，巧用动词，要学会肩题、主题、副题的搭配。

新闻标题作为新闻的重要组成部分，对于吸引读者阅读、准确传递信息、概括新闻内容等方面都有着重要的作用。从上述例子中可以看出，优秀的新闻标题具有以下几个特点。

首先，准确传递信息。好的新闻标题要能准确地概括新闻内容，让读者在短时间内了解新闻的主要内容和看点。其次，简洁明了。好的新闻标题要尽量简洁明了，避免过多的修辞和废话，让读者一目了然。再次，生动活泼。好的新闻标题要有生动活泼的表达方式，能够吸引读者的眼球，激发读者的兴趣。最后，别具一格。好的新闻标题要有独特的表达方式和创意，突出新闻的特点和亮点，使读者印象深刻。新闻标题是新闻的重要组成部分，编辑在制作新闻标题时应该注重准确传递信息、简洁明了、生动活泼、别具一格等方面，以提高新闻标题的质量和价值。

笔者非常重视标题的撰写，力求通过标题能够简要表达文章所述的内容。《未满月男婴被弃出租车 媒体联合多部门为孩子寻找归宿》《百年历史浴池今犹在 临沂人越洗越精彩》《22家企业奶粉检出三聚氰胺 我市各界做出迅速反应 各大超市紧急下架"问题奶粉"》等文章，新闻标题都很好地展现了标题的准确传递信息、简洁明了、生动活泼、别具一格等方面的特点。

《未满月男婴被弃出租车 媒体联合多部门为孩子寻找归宿》准确地传递了这则新闻的主要内容和看点。同时，通过使用如"男婴""弃车""多部门"等用词，让读者能够快速了解到这则新闻的关键信息。此外，标题中还展示了媒体和多部门合作解决问题的积极态度，给人以希望和温暖的感觉。

《百年历史浴池今犹在 临沂人越洗越精彩》[①]通过巧妙的表达方式，将一篇介绍老字号浴池的文章变得生动有趣。标题既准确地传递了文章的主题，又通过生动活泼的表达方式，让读者产生浓厚的兴趣。特别是用"临沂人越洗越精彩"这句话，不仅突出了浴池的特点，还让人感受到临沂人民的勤劳、朴实和创业精神。

三、标题如何写

新闻标题应力求言简意明、平易亲切、准确新颖和富有吸引力。选择标题的方式需要酌情而定，但有几个原则可以遵循。

首先，标题要与新闻内容一致。标题所提及的事实和论断必须与新闻内容相符，并有充分的依据支持。

其次，标题要突出新闻的精华部分。选择新闻中最具有新闻价值和社会意义的事实作为标题的核心内容，将其放在标题的主题位置。

最后，标题要准确鲜明。标题应准确地传达信息，并明确地表明态度。准确性包括表意准确、评价准确和运用文字准确。鲜明性则体现在标题呈现事实时带有鲜明的倾向性和感情色彩。

言简意明是标题的重要特点。简洁明快的标题可以使读者一瞥即知其意，易于被读者接受。为实现言简意明，可以善于省略冗余信息，锤炼语言表达，并善于利用标题之间的关联性。

生动活泼的标题能够吸引读者的注意力。标题应以优美的形式展现新闻的精华，让读者产生兴趣。

总之，新闻标题应与新闻内容一致，突出精华，准确鲜明，言简意明，并具备生动活泼的特点，以吸引读者的关注。

---

① 《沂蒙晚报》2021年，1月1日第2版

四、如何做好标题的知识储备

要制作简洁醒目、能够在"三步五秒"内吸引读者阅读的新闻标题,可以采取以下方法。

加强文学修养:多读经典文学作品,提高自己的语言表达能力和文字功底。通过学习经典作品中的精彩表达方式,可以借鉴其技巧运用在新闻标题的创作中。

学习新闻业务:阅读相关的新闻业务书籍,了解各种新闻标题的含义和应用场景。深入了解新闻行业的规范和技巧,可以更好地掌握制作新闻标题的方法。

借鉴优秀案例:浏览各类报纸,关注优秀的新闻标题,借鉴其精华之处。通过观察和学习,可以提高自己的创作水平,不断改进和完善新闻标题的质量。

动手实践:勤于动笔,善于用脑。通过实践和实际的创作过程,不断学习和提高。尝试不同的标题构思和表达方式,锻炼自己的创作能力。

培育创新精神:转变观念,树立创新意识。在制作新闻标题时,要敢于突破传统框架,寻找新颖独特的表达方式,以吸引读者的眼球。

最后,记住一点是:一个好的新闻标题可以激起读者的兴趣,增强文章的可读性和艺术感染力。无论是编辑、记者还是通讯员,都应该共同努力,不断提高新闻标题的创作水平,为读者提供更好的阅读体验。

第三节 专栏

新闻专栏是报纸的精华版块，承载着报纸的声誉和形象。一个优秀的新闻专栏，就像是报纸的招牌菜，能够极大地提升报纸的传播力、引导力、影响力和公信力。要打造有时代特色的品牌专栏，首先需要注重其独特性。专栏内容应该与众不同，具备与其他媒体不同的观点、深度和风格。专栏应该通过独到的视角和深入的研究，呈现出与时代紧密相关的议题和问题，引领读者思考和讨论。

专栏应该传递时代的温度，与读者产生共鸣。通过深度报道和分析，揭示时代变革的动态和趋势，呈现社会、政治、经济等领域的重要事件和议题。专栏应该具备时效性，及时跟进时事，让读者感受到专栏的紧迫感和现实意义。

为了赢得更多读者的喜爱和关注，还需要注重专栏的表达方式。新闻专栏可以运用多样的写作风格和形式，结合图表、插图、数据可视化等元素，使专栏更加生动有趣，提升可读性和吸引力。最重要的是，专栏应该保持高质量的内容。专栏作者应具备丰富的经验和专业知识，通过深入调查、多方采访和权威数据支持，提供准确、客观、有价值的新闻信息。只有如此，才能树立报纸的品牌形象，赢得读者的信任和尊重。

总而言之，打造有时代特色的品牌专栏需要注重独特性、传递时代温度，同时关注表达方式和内容质量。通过与读者的互动和持续改进，新闻专栏可以成为报纸的亮点，吸引更多读者的喜爱和关注。

一、栏目定位：彰显社会责任

在创设一个新闻专栏时，首要考虑的是确定栏目的定位。栏目定位决定了栏目的特点和发展动力。在全媒体时代,受众呈现出越来越多样化的需求,报纸需要同时关注广大受众的普遍要求,并满足日益细分的受众的个性化需求,展现其独特的价值。

美国营销专家特劳特在二十世纪七十年代就提出了"定位"的概念,他明确指出"品牌定位的目的是在消费者心智中占据独特而有价值的位置"。同样地,媒体的栏目定位也应与时代特征、社会热点和读者需求密切相关。一个具有"时代温度"的优秀专栏更直接地体现了媒体的社会责任和使命。

以笔者在《沂蒙晚报》的靖说闲话专栏为例。专栏开办以来,以评论、观察、批评和建议为主要内容。该专栏致力于为读者提供一个深入了解社会热点,关注时事政治、经济、文化等领域的平台。具体来说,该专栏的定位可以分为以下几个方面:

突出时事评论。靖说闲话专栏关注当下最热门、最具关注度的时事问题,对其进行犀利地评论和批评,帮助读者更好地理解和认识社会现实。

关注地方经济。作为地方报纸,《沂蒙晚报》一直致力于报道和关注本地经济发展。靖说闲话专栏同样如此,从独特的视角和角度,关注本地经济的发展动态和问题。

强调个性化阅读体验。在信息时代,读者的阅读需求日益多元化。靖说闲话专栏重视读者的个性化阅读体验,不仅提供深度的内容,还注重内容的形式和样式,力求让读者有更加愉悦的阅读体验。

坚持独立、客观、公正。作为新闻专栏,客观、公正是其最基本的要求。靖说闲话专栏坚持这一原则,不受任何政治、商业和其他利益团体的影响,为读者提供真实、客观、公正的观点和判断。

二、选题策划:突出主流价值

新闻专栏是媒体表达立场、观点和态度的重要方式。在创作有时代温度的新闻专栏时，应该注重传递主流价值观。这样的专栏文章中既有个人命运的故事，也有时代的潮流和趋势。在选题策划方面，应该更多地关注社会热点、焦点问题以及民众的需求，以弘扬社会主流价值观为目标，让读者从正能量和好故事中获得启发和滋养。在选题上，可以关注那些扶危济困、守望相助的仁心义举，把这些温暖和正面的行动呈现给读者。通过报道这些有价值、有灵魂、有温度的新闻内容，可以激励读者积极向上，还能感受到社会的温情和关爱。

新闻专栏应该注重深度报道和故事性的呈现方式，以引起读者的共鸣和关注。通过细腻地描写、深入地采访和真实的情感传递，将人物和事件的故事性展现出来，让读者产生情感共鸣，并从中获得思考和启发。此外，新闻专栏还应该注重传递积极的价值观和正面的能量。通过展示人们的奋斗、拼搏、进步和成就，以及社会的进步和变革，可以激励读者面对困难时保持乐观和积极的态度。这样的专栏内容能够给读者带来希望和动力，塑造积极向上的社会氛围。有时代温度的新闻专栏应该宣扬主流价值观，围绕社会热点问题和民众需求进行选题策划。通过正能量和好故事的呈现，传递扶危济困、守望相助的仁心义举，让读者获得有价值、有灵魂、有温度的新闻内容。

在选题策划方面，靖说闲话专栏注重突出主流价值观，以民众身边的故事为主要选题。例如，我们曾经报道了一位退休教师在退休后仍坚持义务教育的事迹，以及一位年迈老人帮助邻居搬家的感人故事。这些故事不仅展现了人性的美好，也宣扬了社会主流价值观，激发了读者的共鸣和反响。

此外，我们还关注社会热点问题，例如当前的环境保护、贫困扶助、教育发展等话题。我们会从不同的角度和视角，对这些问题进行深入的分析和探讨，既展现了社会问题的严峻性和复杂性，也提出了可行的解决方案。

同时，我们还会关注各种人文关怀活动，例如为贫困学生捐赠物资、为残疾人士免费修缮房屋等。这些活动不仅有利于社会公益事业的发展，还可以唤起社会各界对于弱势群体的关注和关爱，强化社会凝聚力和向心力。

三、稿件采写：展示民众视角

在全媒体时代，报纸受制于出版周期，在传播的时效性方面有明显劣势。然而，报纸的新闻专栏仍然具有自身的优势和长处，尤其是在与目标读者群体进行深入互动方面。新闻专栏以民众的视角采写稿件，与读者进行全面沟通，注重读者的内心感受，挖掘新闻背后的故事，将更多的情节和细节呈现给读者，展现出新闻专栏的精神和内涵。民众视角是传递有温度新闻的有效途径。

一些看似微不足道的小事，如小区污水问题、过马路困难、早点买不到、被广告牌铁丝绊倒摔伤等，对民众来说却是触动内心的重要问题。新闻专栏中的记者们经常深入基层，将读者的问题当作自己的事情来处理，运用民众的视角来看待问题并寻求解决方法。例如，《醉酒丢包，酒未醒包被送上门》《滨河岸边烧烤受处罚》等以民众视角撰写的稿件一经刊登，很快就获得了积极的反馈。记者们及时将读者的反馈内容发表出来，使更多的读者从中受益，同时也建立了民众与政府之间畅通沟通的桥梁。

在新闻专栏中，采用民众视角的方式能够增加与读者的互动和共鸣。新闻专栏记者以读者的利益为出发点，将读者的问题视为自己的事情，这种自然而然的态度使得他们能够更好地理解读者的需求，并通过新闻专栏传达出去。这样的交流和互动不仅能够满足读者的期待，还能够促进民众与政府、社会各界之间的有效沟通，共同解决问题，营造和谐的社会氛围。

第四节 图片说明

图片不仅有美化版面的作用，而且有新闻价值。长期以来，图片是配角，文字是主角。如今到了"读图时代"，图片在版面上的作用日益凸显，甚至有时成为主角。图文并茂成为报纸、期刊的基本要求。

一、新闻图片的基本要求

好的新闻图片需要具备新闻价值高、形象构图好、适合时宜和文字说明妥四个基本要求。这样的图片能够生动地呈现新闻事件的核心内容，引起读者的兴趣和共鸣，帮助他们更好地理解和关注新闻。

新闻价值高：新闻图片应该呈现具有重要性和吸引力的事实，能够引起读者的兴趣和关注。它应该能够传递新闻事件的核心信息和关键细节，满足读者的需求，让他们了解到他们可能不知道的重要信息。

形象构图好：新闻图片的构图要合理，能够生动地表达新闻事件的内容和情感。角度、光线、构图、细节等方面都需要经过精心地设计和把握。通过恰当的构图，图片能够更好地传达新闻的主题和情感，让读者一目了然。

适合时宜：好的新闻图片应该具有时效性，与时代保持同步。它应该能够及时反映当前的社会热点、事件或趋势，让读者感受到图片的时代气息。时效性是新闻图片能够产生强烈影响力的重要因素之一。

文字说明妥：新闻图片通常需要配以文字说明，文字应该精准、生动、形象地描述图片所展示的内容和意义。文字说明可以帮助读者更好地理解图片所传递的信息，起到补充和解释的作用。文字说明的选择和表达方式要与图片相呼应，相互补充，形成整体效果。

在临沂市沂河小埠东橡胶坝附近，数百只白鹭在水中滩涂上栖息觅食。随着沂河生态环境的改善，一群群美丽的白鹭已成为沂河"居民"，每年夏天，市民总能观赏到沂河岸畔白鹭齐飞的美景。《白鹭嬉戏沂河畔》就是笔者拍摄的一张较好的新闻图片。在这幅《白鹭嬉戏沂河畔》的图片中，我们能够看到沂河岸边的白鹭们在水中嬉戏玩耍，画面十分生动，让人感受到了大自然的美丽和生机。

这幅图片具有很高的新闻价值，因为它反映了沂河生态环境的改善和城市居民生活质量的提升，同时也展现了人与自然和谐共处的理念。这些白鹭们成了沂河的"居民"，生活在这里并与周围环境相互依存和影响，这也是我们应该追求的生态文明的目标。

与此同时，这幅图片的形象构图也非常优秀，拍摄角度恰到好处，光线和构图都非常精妙，细节也抓得十分到位。这些因素使得这幅图片更加生动形象，让人们更加直观地感受到了白鹭们在水中嬉戏的场面。作为新闻传媒中的重要元素，好的新闻图片不仅具有传递信息的功能，还能够唤起读者的共鸣和情感，成为新闻报道中不可或缺的重要组成部分。

二、如何为版面配图片写说明

图片和说明之间是互相印证、互相说明、互相依存的关系，缺一不可。以下是关于图片说明的一些建议内容。

传达图片所展示的信息：图片说明应该准确地描述图片中所呈现的内容和意义。它可以进一步解释图片中难以直接表达的信息，补充和深化读者对图片的理解。说明应该关注图片的关键元素、情感表达和主题，使读者能够更全面地把握图片所传达的信息。

确保图片来源和作者信息：图片说明应该包括拍摄者的姓名或图片的来源。这是为了保护版权和知识产权，同时也是对摄影师或机构的尊重和认可。提供清晰的来源信息可以增加图片说明的可信度和权威性。

避免与文章重复：在配合文章的图片时，应尽量避免文字说明与文章中的内容重复。说明应该补充和拓展文章所传达的信息，而不是简单地重复已经提及的内容。这样可以使得文章和图片之间相互补充，形成更丰富和有层次的表达。

此外，需要避免以下一些误区：

只注重图片，忽视文字说明。好的新闻图片需要配以好的文字说明，两者相互依存。文字说明能够进一步解释和强化图片的信息，增加其说服力和震撼力。

时间描述含糊。在文字说明中，应尽量避免使用模糊的时间描述词汇，如"最近""不久前""近日"等。应该提供具体的时间或事件背景，以增加说明的准确性和可信度。

避免使用套话和空话。文字说明应该避免使用常见的套话和空洞的词汇，如"重视""努力""加强""积极""历史性"等。说明应该具体、简洁、生动，有助于读者更好地理解和感受图片所传达的信息。

避免冗长和烦琐。文字说明应该精练、简洁，避免冗长和烦琐的表达。它应该生动地传达图片的信息，使读者能够迅速理解和感受到图片所呈现的内容。

好的图片说明应该准确、简洁、生动地传达图片所展示的信息，同时注意避免与文章重复，避免使用模糊的时间描述和空洞的词汇。这样的说明能够增强图片的表达效果，使其更具有影响力和吸引力。

把图片说明写好了，也是一项基本功，千万不可轻视。图片专栏、专辑、专版是报纸、杂志、网络常用的报道形式，也是反映现实、美化版面的重要方式，与文字报道一样，成为版面、页面的重要组成部分。在"读图时代"，图片（包括漫画）在媒体上的作用日益显现。

三、图片专栏要注意哪些问题

（一）选图

图片的改动余地不如文字稿件那么大，只能作些光线明暗、色彩、裁剪、尺寸方面的修改。所以，精选图片就显得特别重要。图片编辑要有慧眼，有新闻敏感，要选择那些新闻性强、有视觉冲击力、有故事的照片，对于假照片，要具识别能力，拒之门外。

有一次，某报登了许多人"学习公报"的新闻图片，可公报登在第一版，版面都冲着镜头。学习者其实看的都是第四版，都是些社会新闻、副刊、广告等内容。这样的图片见报后，细心而认真的读者一经考证，知道照片完全是摆拍、装拍的。因此，选好照片就是关键的一步。

（二）突出新闻性

图片专栏是新闻的组成部分，必须突出新闻性，而不能突出文艺性。有的图片专栏登了时效性不强，甚至过时的风景照、人像照，尽管画面挺美，摄影技巧不错，仍不能算好的新闻图片专栏，只可在副刊使用。

（三）大型活动要重点搞好图片专栏、专版

企事业单位的庆典活动、运动会、文艺晚会等大型活动，是用好图片专栏的大好时机。围绕主题选图片，有大场面，也有特写镜头；有景物，更要突出人物。要围绕活动中心，多方位，多层次地反映活动盛况与成效。领导的照片必须有，但不能全是领导的照片。要选那些抓住瞬间的动态照片，使读者看后终生难忘。

（四）图片专栏要与版面呼应

图片要与左右上下文字稿有一定的联系与呼应，不能单枪匹马，全然不顾整个版面内容。如先进人物的图片专辑，旁边就不要登负面新闻（如飞机失事、矿难等）。如妇女节的图片专辑，旁边可配一些反映女劳模、女职工的文稿，等等。

（五）让图片专栏成为引导舆论的有效方法

我们来看《沂蒙晚报》的做法。在举全市之力来推进生态文明的建设过程中，如何通过舆论场来引导、推进此项工作？相比文字报道，摄影报道因其直观性和真实性，更具有可看性和视觉性，可达到一图胜千言的效果。《沂蒙晚报》适时推出了"直击'污点'"图片舆论监督专栏，用触目惊心的视觉感受，来直击受众眼球。热心群众纷纷打来电话，提供各类新闻线索。

初尝甜头后，编辑部每周安排两到三期专栏，高密度地刊发了近30篇新闻图片的问题报道，范围涉及兰山、河东、临沭、蒙阴等各个区域，涵盖了垃圾乱倒、污水乱排、废物焚烧等环境问题，内容大多关系到老百姓的切身感受和利益。

把这些有强烈视觉冲击力的"污点"现象曝晒于党报头版之上，指名道姓地开展批评报道，并在专栏里先后配以《关键要举一反三》《生态家园建设不是负担，而是机遇》等评论员文章，犹如一石激起千层浪，专栏迅速在临沂市社会各界和广大市民群众中"炸"出了舆论波。

图片专栏在突出一个"图"字的同时，必须配上好的文字说明，使两者相得益彰，更具说服力；网络图片专辑大有可为，它的大容量、可增减，为图片专辑开拓了广阔天地，需抓紧探索研究。

图片新闻是现代媒体吸引读者的窗口，是媒体的"眼睛"，"图文并重"是当前新闻宣传报道的需要。我们要创新理念，把"两翼齐飞、图文并重"作为一种追求，把媒体的"可看性"作为重要工作来抓，使媒体具有新闻高价值与视觉冲击力。

第五节　新闻短视频

新闻短视频是一种结合了新闻特征和短视频特征的传播产品，特别适应于移动和互动传播环境。相对于传统电视新闻，新闻短视频更注重在移动端平台上的传播，因此需要与短视频平台的算法机制相结合，实现集中分发和受众的互动。

新闻短视频的主要传播渠道是移动端平台，如社交媒体和视频分享平台。这些平台通过个性化推荐算法，将适合用户兴趣和偏好的新闻短视频推送给他们。通过依靠平台的算法机制，新闻短视频能够更好地进行集中分发，获得更广泛的观众群体。

在时长上，新闻短视频相对灵活，通常在几分钟以内。这是为了适应移动状态和间歇环境下的观看习惯，因为观众在移动端往往有时间限制和碎片化的观看需求。此外，新闻短视频还具有高频推送的特点，通过频繁发布更新的视频内容，吸引受众的互动和参与。新闻短视频是一种在移动和互动传播环境中具有新闻特征和短视频特征的传播产品。它依靠短视频平台的算法机制实现集中分发，具有灵活的时长界定和高频推送的特点，以便更好地适应移动状态下观众的需求，并引起他们的互动和参与。

一、对新闻短视频定义的理解

短视频已成为媒体产品中的重要组成部分，特别是在移动互联网时代，短视频的用户规模和影响力不断扩大。随着移动端摄录软硬件性能的提升和使用的便捷化，越来越多的人参与到短视频的创作和分享中，形成了多元和广泛的生产主体。短视频目前平台已经成为一个具有浓厚时代特征和圈层特征的社交话语体系。

在众多的短视频内容中，纪实类视频产品具有新闻传播的价值和特征，并且在舆论环境中产生了重要的影响。这些纪实类视频通过真实地记录和展示，能够传递事实信息，引起公众的关注和思考。纪实类短视频在报道社会事件、揭示社会问题、记录个人经历等方面发挥着重要的作用。

由于短视频简洁明快、视觉冲击力强的特点，纪实类短视频能够迅速吸引观众的注意力，通过快速的传播和分享，影响更广泛的受众群体。这些视频产品能够在社交媒体平台上引发热议，引导公众舆论的形成和发展。这种类型的短视频将真实事件或社会现象呈现给观众，具有强烈的现实感和信息量，能够引起观众的共鸣和关注。因此，我们可以将这类纪实影像归为新闻短视频类型。

当前，新闻短视频的特征主要表现在以下几个方面：一是内容真实性强，通过真实记录展现事实和现象；二是信息量大，能够在短时间内传递大量的信息；三是视觉呈现形式多样化，采用多种技巧和手法进行拍摄和剪辑；四是传播途径广泛，能够通过各种社交平台进行传播。

未来，随着短视频技术和拍摄手法的不断创新和发展，新闻短视频将更加多样化和精细化，内容也将更加专业化和深度化。同时，随着短视频媒介环境的不断变化，新闻短视频的传播方式和传播效果也将发生变化，需要不断探索和创新。因此，对于新闻从业者来说，需要持续关注新闻短视频的发展趋势，不断提高自己的拍摄技巧和创作能力，以适应未来新闻传播的需求。

二、新闻短视频的特征分析

新闻短视频是一种具有短视频特点和新闻元素的视频产品，它在短时间内通过图像、声音、文字等多种手段，将重要的新闻信息传达给受众。下面是新闻短视频的一些特征分析。

短小精悍：新闻短视频的时长通常在 1-5 分钟之间，因此它需要在短时间内传达清晰、明确的信息。这也是为了迎合移动互联网用户碎片化的时间和观看习惯。

时效性强：新闻短视频对于时效性的要求非常高，它需要及时报道最新的新闻事件，让受众第一时间了解到最新的新闻信息。

轻松易懂：新闻短视频的语言表达和内容都需要简单易懂，避免过多的专业术语和复杂的句式，让受众更容易理解和接受。

多媒体融合：新闻短视频可以通过图像、音频、视频等多种媒体手段，让新闻内容更加生动、直观，同时也更容易引起受众的兴趣。

互动性强：新闻短视频的推送和传播主要依靠短视频平台的算法和推送机制，因此需要具有互动性，让受众更容易参与和分享。

热点和话题导向：新闻短视频通常会关注当前热点和话题，以吸引更多受众的关注，同时也会涉及一些重大事件和突发新闻，以提高新闻的时效性和可信度。

情感化表达：新闻短视频在传达新闻信息的同时，也会注重情感化表达，通过音乐、画面等手段，让受众更容易产生共鸣和情感上的认同。

新闻短视频的特征和传统新闻有所不同，它更加注重短小精悍、时效性、轻松易懂、多媒体融合、互动性强、热点和话题导向以及情感化表达等方面，这些特点也为新闻短视频在移动互联网时代的生产和传播提供了更多的机会和挑战。

三、放大新闻短视频生产的积极效应

在新媒体传播环境下，新闻短视频具有一些独特性，使其成为更易获得广泛关注、更易触发情感共鸣并形成社会舆论的一种媒体形式。为了更好地实现传播效应，对新闻短视频的制播策略、价值取舍和艺术呈现等方面进行准确把握是关键。制作者需要在有限的时间和空间内准确把握核心信息，选择合适的叙事方式和情感触发点，以引起观众的共鸣和参与。同时，也需要在表达形式和创意呈现上注重创新，以提高视频的艺术性和观赏性。

（一）强化制播策略，注重信息拆合

制作新闻短视频时需要兼顾短视频的传播特点和新闻内容的呈现。首先要关注新闻的价值和亮点，确保吸引观众的注意力。同时要考虑如何拆分和串联内容，以获得广泛的持续关注。在制作过程中，关键的背景信息和附属信息不应被忽视，可以通过多层次的视频制作和有计划的播发推送来重新串联，呈现完整的内容。这样既满足了短视频产品在主要视频平台上对于亮点展示、短时长和完播率的要求，又能实现新闻产品中的信息完整性和附加价值。通过这种方式，新闻短视频能够提高传播效果和吸引力，进而增强新闻产品在移动互联网时代的传播效果和影响力。

（二）倡导视觉吸引到价值吸引

作为主流媒体机构，我们有责任和使命区别于一般个人或机构的短视频制作，不断探索如何从仅遵循平台机制的角度转变为更好地利用新闻阵地来实现舆论宣传引导的功能。在制作新闻短视频时，我们应以传统媒体的主流价值观念为指导，注重传递真实、客观、公正的信息，并注重呈现积极向上的内容，以提高观众的参与度和信任度。

除了在主要视频平台上播放新闻短视频，作为主流媒体机构，我们还可以将新闻性短视频融入微博、微信等多个平台的播发矩阵中。这样可以让各个平台和不同类型的产品相互关联，在产品的播发过程中相互调用和佐证，从而放大积极价值，提高传播效果。通过这种方式，主流媒体机构可以更好地利用新闻阵地，实现舆论宣传引导的功能，提高传播效果和吸引力，进而增强我们在移动互联网时代的影响力。

（三）探索新闻短视频表达的艺术性

相较于传统新闻报道，新闻短视频具有更多的表达自由度和创新性。在遵循非虚构原则的基础上，可以在艺术性表达方面进行更多探索。这样，新闻短视频不仅可以传递新的信息和承担服务功能，还能融入人文和艺术的赏析特点。通过这种方式，新闻短视频不仅可以提高观众的参与度和信任度，还能突破其作为新闻产品对时效性的绝对依赖，改变新闻产品难以保持新鲜感的特点。同时，新闻短视频的艺术表达也能通过观众的分享和收藏获得更广泛的传播和更持久的影响力。因此，在制作新闻短视频时，应充分考虑如何在遵循非虚构原则的前提下，通过创新的表现形式和艺术性的表达方式，提高新闻短视频的传播效果和吸引力。

四、新闻短视频的未来发展趋势

对于新闻短视频的特征分析，我们不仅要关注当前的情况，还需要着眼于未来的发展。我们需要从技术发展、受众需求等基本方面，探索这类产品样式在未来的时间和空间中可能发生的变化。对于内容生产方来说，这是需要把握的发展机遇；对于监管部门来说，这将对未来的监管提出新的要求。

在技术发展方面，新闻短视频可能会受到人工智能、增强现实等新技术的影响，为观众提供更丰富、沉浸式的体验。同时，移动设备的普及和网络速度的提升也将影响新闻短视频的传播方式和观看习惯。在受众需求方面，随着年轻一代观众的增加，他们对于快速、简洁、有趣的内容需求也越来越高。因此，新闻短视频可能会更加注重故事性、娱乐性和互动性，以吸引和保持观众的注意力。

这些变化将为内容生产方提供发展的机会，他们可以利用新技术和观众需求的变化，创造出更具创意和吸引力的新闻短视频内容。同时，监管部门也需要跟随时代的发展，制定相应的规范和指导，以确保新闻短视频在未来得到合理的监管和管理。因此，我们需要持续关注技术和受众的变化，以及监管环境的发展，从而把握新闻短视频在未来的发展趋势，并做出相应的应对和调整。

（一）对自主视角和临场感的追求

目前，短视频已经成为受众使用手机的主要形式之一。然而，由于竖屏画面的限制，与人类对横向空间的宽广需求相比存在一定差距，从而限制了画面空间的呈现效果和受众的体验感受。在未来，受众对新闻性产品的现场感和视角的自主性需求将不断提升。其中，视频直播与虚拟现实（VR）技术的结合可以有效地拓展小屏幕上的空间呈现，为受众提供更加真实、直观的视觉体验。通过360°全景摄录系统，用户可以通过VR眼镜或手持手机，以全景的方式观察直播的实时环境。这种技术的应用很好地拓展了小屏幕的空间呈现能力。

随着虚拟现实技术的不断发展和普及，新闻短视频的呈现方式也将变得更加多样化和丰富化，为受众带来更加身临其境的观感体验。受众将能够更加自由地选择观看角度，感受到更加真实的现场氛围，提升其参与度和沉浸感。因此，未来的新闻短视频将借助视频直播和虚拟现实技术，以更加广阔的视觉空间和沉浸式的体验，满足受众对于现场感和视角自主性的需求，为观众带来更加丰富、逼真的观看体验。

（二）视频阅读深度可调节

未来随着用户信息需求量的不断增加，新闻性产品需要提供更全面、更清晰快速的信息索引，以及更智能、精准的用户关注内容推送，以满足受众个性化的需求。在此基础上，视频阅读将呈现出"阅读深度"的可调节特征，即根据受众的空间、时间和关注程度等因素，为受众提供不同深度的视频播放选择。这种"阅读深度"的可调节机制，可以通过设置菜单的形式附加在平台的App产品端上，也可以附加在单个新闻短视频上。通过这种方式，新闻短视频产品在受众端的呈现将更加多样和灵活，可以满足受众不同的阅读需求，提高产品的使用价值和受众的满意度。

第七章
版面编排技巧

报刊的版面就是报刊的脸,是有表情、有喜怒哀乐的。版面的巧妙设计、版面语言的运用,都能提升报刊的品位,提升读者的阅读兴趣。设计一个好版面,涉及新闻学、文学、美学、心理学等许多方面的学问,也与日常经验的积累有关。

媒体人徐铸成说:"一个版面好比一桌酒席,要搭配得当,不要像蹩脚的厨师,端上来的菜都是一个味。"[1]曾任《人民日报》总编辑的范敬宜说:"版面是一门学问,也是一种艺术,当然更是一种政治。"[2]把报纸、期刊上的这一桌菜做得色香味形俱佳,让版面艺术升华,是编辑追求的目标。

版面的编排不单是技术活,而且是新闻信息传播的再创造,是新闻价值得以实现的集合地,有着十分重要的作用。在互联网时代,报纸、期刊版面的许多基本技巧仍可借用来创造出互联网和手机上的优秀版面。许多网站和微信公众号已用得十分娴熟,受到读者好评。

---

[1] 李伟:《报人风骨:徐铸成传》,桂林:广西师范大学出版社,2008年,第7页。
[2] 郭光华:《合力效应:一门重要的编辑艺术——学习范敬宜〈总编辑手记〉一得》,《当代传播》2000年第5期。

第一节　版面的视觉表达

在当今激烈竞争的媒体市场中，随着融媒体时代的到来，读者的阅读心理和习惯发生了显著变化。在这种背景下，报纸设计的视觉效果变得越来越重要。视觉美学是指将美学原理灵活应用于版面设计中，通过合理优化和组合视觉元素，使报纸在传递新闻资讯的同时，给读者带来美的享受，进一步激发读者的阅读兴趣。换句话说，视觉美学在报纸设计中的应用，可以通过优化版面设计、运用适当的颜色、图片、文字和布局等元素，来提高报纸的美观度和可读性，从而吸引读者的注意力，促进阅读，增强读者的黏性和忠诚度。

通过精心设计的版面，可以提供视觉上的愉悦感，使读者在阅读的同时得到一种艺术的享受。视觉美学的运用可以提高版面的整体美感，使信息结构更加清晰、易读，并与内容相互融合，使读者更愿意花时间阅读报纸并保持持续关注。

此外，视觉美学还可以帮助塑造报纸的品牌形象和风格，根据特定的目标读者群体，通过设计风格的选择和调整，传递出与读者共鸣的情感和价值观念。这有助于建立读者对报纸的认同感和忠诚度。因此，视觉美学在报纸设计中的应用对于提升报纸的品质和吸引读者至关重要。通过合理运用视觉元素，可以提高报纸的美观度、可读性和吸引力，从而加强读者与报纸之间的连接，推动阅读习惯的形成和维持。

一、版面设计原则

（一）导向原则

导向原则是指通过版面设计来引导读者对新闻舆论进行重点阅读，达到信息的有效传递和引导作用。在报纸的版面设计中,信息内容的报道非常重要。一个充满视觉美感的版面设计可以吸引读者的注意力,同时将点、线、面结合处理,可以达到最佳的视觉效果。

为了更好地实现导向原则,需要对新闻舆论进行导向化处理。这可以通过采用不同的版面布局、字体大小、颜色搭配等方式来实现。例如,可以在版面的头条位置采用加大字号的方式,突出重点信息,引导读者进行重点阅读。此外,还可以通过运用配色方案和视觉元素,如图片、插图等,来增强版面的吸引力和可读性,引导读者进一步阅读。

(二)创新原则

创新原则是指在报纸的版面设计中,需要不断创新,以吸引读者的目光,避免审美疲劳。编辑通过布局美、节奏美、对比美等设计来激发读者的阅读欲望,从而提高报纸的吸引力和市场竞争力。虽然独家信息和深度报道可以吸引读者的目光,但是如果缺乏设计创新,读者可能会出现审美疲劳的状况。因此,在报纸的版面设计中,创新是非常重要的。

(三)艺术原则

艺术性原则是指在报纸版面设计中,设计师不仅要考虑信息内容的呈现,还要通过整体的视觉效果来达到艺术性的效果。艺术性原则并不是要将整份报纸变成一件艺术品,而是要通过布局、形式表现等方式来实现整份报纸的视觉美感。

在报纸版面设计中,布局及形式表现是艺术设计的重点内容。设计师需要花费大量精力去实践这个创作过程,以达到最佳的视觉效果和艺术性效果。设计师需要具备丰富的知识和实践经验,根据各个版面的审美特点进行构造,通过灵活运用各类版面信息内容,创造出风格鲜明的版面形式,使得整张报纸具有自身的独特性。通过艺术性的创作方式,设计师可以着重突出各种新闻所处版面的特点,从而提高整份报纸的吸引力和可读性。这种艺术性创作方式不仅能够实现视觉美感的效果,还能够让读者更好地理解新闻舆论的内涵和意义,提高读者的阅读体验和满意度。

二、报纸版面的视觉配置及效应

报纸版面就是将各类稿件在报纸上编排布局的整体产物，是各类稿件内容的整体表现形式，是读者第一接触的对象。美观的报纸版面能够让读者产生良好的第一印象，提高报纸影响力，因此新闻编辑要进行版面设计。在进行版面设计时，编辑要遵循相符原则，即编排设计要与服务对象相一致；重点原则，即编排设计要突出重点，分清主次；有序原则，即编排设计要分清条理和层次；便易原则，即易于受众阅读或获取信息。

（一）视觉元素配置

1. 色彩配置

在报纸版面设计中，色彩配置是一个关键的要素，它可以帮助你引起读者的兴趣，增强版面的可视性和吸引力。通过谨慎选择、搭配和调整色彩，你可以塑造出与你的报纸形象相符的独特风格。记住，色彩应该与你的内容和品牌价值相一致，并且要考虑到读者的喜好和印刷效果。

当设计人员调整版面上色彩的明暗度和纯度时，可以有效地创造视觉层次感，实现对读者的科学视觉引导。通过合理调整色彩的明暗度和纯度，设计人员能够创造出有层次感的版面设计，有效地引导读者的视觉注意力。同时，要注意保持整体平衡和统一，以提供良好的用户体验。不断尝试和调整，根据具体情况进行优化，以实现最佳的视觉效果和读者吸引力。

选择色彩配置时，首先要考虑报纸的主题和定位。不同的主题可能需要不同的色彩表达来传达特定的情感和氛围。例如，对于一份关注环保问题的报纸，可以选择绿色和蓝色等大自然色调，以传达和强调可持续发展和保护环境的情感。

其次，需要根据读者的需求和情感反应来选择色彩。不同的读者群体对色彩的情感和偏好可能存在差异。通过了解目标读者的喜好和情感需求，可以选择能够引起他们共鸣和兴趣的色彩配置。例如,对于年轻人群体,可以选择明亮、活力的色彩来营造年轻、时尚的感觉;而对于专业领域的读者,可以选择稳重、专业的色彩来传达严肃和可靠的形象。

最后,要注重色彩配置所产生的视觉效果和传达效果。色彩的组合和搭配应该能够产生良好的视觉平衡和统一,避免过于混乱或单调的效果。通过合理调整明暗度、纯度和对比度,可以增强版面的层次感和视觉吸引力,进一步提升色彩的传达效果。

2. 图片配置

在报纸设计中,恰当选择和布局新闻图片是提高读者参与度和信息传递效果的关键。新闻图片能够为报道提供直观的证据和视觉支持,从而增强信息内容的真实性。通过在报道中插入相关图片,读者能够更直观地感受到事件的发生和情况的真实性。例如,一篇关于自然灾害的报道,配上现场照片可以让读者更清楚地了解灾情的严重程度或影响范围,从而增加报道的可信度。通过科学配置新闻图片,设计人员能够进一步增强信息内容的真实性,并直接传达一些无法通过语言具体描述的内容给读者。新闻图片的运用能够提高读者的参与度和情感共鸣,使报纸报道更具吸引力和影响力。

图片和图形的使用也可以有效增强报纸的表现力和感染力,帮助读者充分理解新闻信息。在版面设计中,图片应与文字信息相互协调,而不是完全取代文字信息,不能滥用图片或降低文字信息的重要性。

有些事件或情境难以用语言精确描述,但通过图片可以直接传达给读者。比如,一幅反映社会问题的照片可以通过人物表情、场景构图等方式传递出强烈的情感和社会意义,让读者更深刻地体会到事件的背后故事和影响。

新闻图片的选择和布局也可以用于视觉引导和版面平衡。通过合理安排图片的位置和大小,可以引导读者的视线流动,帮助他们更有序地阅读和理解报道内容。同时,图片的存在也可以提供版面设计上的平衡,使整个版面更加美观和吸

引人。

3. 留白元素配置

留白作为一种版面设计的元素，在报纸设计中具有重要的作用，能够充分表现出报纸版面的语言。适当的留白可以为内容提供清晰的呈现，增强版面的美感和阅读体验。留白可以将特定的内容或元素突出展示，起到强调重点的作用。通过在重要信息周围留出空白区域，读者的注意力会自然地集中在这些关键内容上。这样做不仅可以提高信息传递的效果，还能使版面更加整洁、有序。

适当的留白可以增加文字的可读性。过于拥挤的版面容易使读者产生视觉疲劳，阅读起来困难。而通过留白，可以为文字提供足够的空间，使其更加清晰、易于阅读。合理的行间距和段落间距也能够通过留白实现，进一步提高段落和文字之间的分隔感，使阅读更加舒适和流畅。同时，留白可以帮助实现版面的平衡和节奏感。通过合理安排留白的位置和大小，可以使版面元素之间的关系更加和谐，避免过于拥挤或不协调的感觉。留白还可以影响读者的眼动轨迹，引导他们有序地阅读内容，形成自然的阅读节奏。

（二）视觉元素配置效应

1. 色彩的视觉配置效应

色彩在视觉元素中具有非常重要的作用，能够直接影响人们的情绪和心理状态。在设计版面时，色彩的运用不仅可以美化版面，还能够传达信息和引导读者的视觉流动。

色彩可以分为主动和被动两种类型。主动型的色彩通常具有极强的移动性，能够吸引人们的注意力，而被动色彩则较为稳定化，通常用于营造稳定和平静的氛围。在版面设计中，可以运用主动色彩来引导读者的视觉流动，从而使版面更具吸引力和趣味性。

在进行版面设计时，需要注意色彩的搭配和运用。不同的色彩在搭配上会产生不同的效果，需要考虑到读者的感受和心理反应。同时，不同的版面位置也需要采用不同的色彩运用策略。通常人们认为左边版面的重要性更为强烈一些，因此可以在右边多放置一些主动色彩，先吸引读者的注意力，再逐渐转移到左边版面。

在报纸设计中，色彩的运用需要考虑到不同的报道内容和读者的需求。比如将粉色作为一些经济类报纸的版面底色，可以突显其特别性，同时也能够缓解人们阅读新闻信息时的紧张情绪。

2. 图片配置

图片在报纸版面设计中具有非常重要的作用，能够迅速吸引读者的注意力，增强新闻报道的冲击力和传播效果。因此，现今的版面设计通常将图片放置在重点位置，以便更好地达到吸引读者的目的。

图片是一种具有极大冲击力的视觉元素，能够增强新闻报道的可读性和可理解性。相比于没有图片的新闻报道，添加图片能够迅速地给予读者视觉刺激，更容易吸引读者的目光。在一些重要新闻报道中，图片的运用可以使读者更加深入地了解事件的发生和影响。此外，科学运用一些极富连贯性的图片，将其进行优化组合，能够使得读者在阅读时得到一个极佳的视觉感受，同时也能够进一步增强传播效应。

在进行版面设计时，需要注意图片的选择和运用。图片的内容、大小、颜色等都需要考虑到读者的感受和需求。同时，图片的排版和组合也需要注意到版面整体效果和视觉流动，以便更好地达到吸引读者的目的。

3. 留白配置效应

留白作为报纸版面设计中的一个重要元素，指的是未放置文字和图片的空白部分。留白不仅具有美学特点，还能够产生一定的视觉效果和心理效应。在报纸版面设计中，合理的留白可以使版面更加简洁明了，给读者带来一定的视觉享受，同时也可以帮助读者在阅读时获得一定的透气空间，让读者更加轻松自如地阅读报纸内容。特别是在快节奏的信息社会中，适当的留白能够使读者在阅读信息时及时停歇，将思绪暂时放置在一个较为轻松的状态下，从而更好地理解和消化信息。另外，留白还能够促使版面内容更为凝聚集中。在版面设计中，留白可以起到分隔、引导、衬托等作用，使版面内容更加突出和鲜明。合理的留白不仅可以提高版面的美观程度，还可以促进读者对版面内容的阅读和理解。

2008年，《沂蒙晚报》推出"纪念改革开放30周年 大变无声看临沂"专刊，都是通过整版来表现沧桑巨变。笔者采写的沭河篇《沭河之韵：千古沭水秀往事》《沭河之秀：未来美景更多情》等文章都是整版推出。这些报道的视觉美学应用成功，通过精美的版面设计和优秀的图片配合，成功地呈现了临沂沭河的独特魅力和历史文化。其中，《沭河之韵：千古沭水秀往事》配图的选择恰当，两幅图片分别展现了沭河的美丽景色和历史建筑，加上一张山水国画的点缀，让整个版面更具有文化气息和艺术感。同时，版面的排版也非常合理，通过精心的设计，将图片和文字有机地结合起来，使得整个版面更加美观大方，阅读起来非常舒适。

在报纸的设计中，视觉美学的应用是非常重要的。一个好的版面设计不仅能够吸引读者的眼球，还能够让读者更快速、更深刻地了解新闻内容，提高新闻的传递效果和影响力。同时，视觉美学的应用也能够提高读者的阅读体验和满意度，增强读者的忠诚度和黏性，这对于新闻媒体的发展非常重要。

三、版面的视觉表达及特点

当今报纸业正处于一个全新时代的发展阶段，因此，在版面设计中，科学配置视觉因素变得更加重要。合理配置各种视觉要素，并遵循版面设计的相关原则，可以使它们发挥应有的效果。这样才能够在第一时间吸引读者的注意力，引导他们进行全面阅读新闻信息，进一步推动报纸产业的发展，并促进整个社会的良好进步。

报刊出版是有程序的，这些程序主要是：采访——写作——编辑——校对——排版——付印——制版——印刷——发行。从采访开始，到发行再到读者手中，这个链条上的每一个环节都很重要，一环扣一环。

报纸、期刊版面编辑工作主要在"排版"这一环节完成。

各种报刊的版面的面孔各不相同，有严肃的，有活泼的，有深沉的，有喜庆的。不论什么面孔，它们都服从于办报宗旨。

什么叫办报宗旨？办报宗旨包括：这份报刊的任务、性质、作用、原则、类型、对象等。即为什么要办这份报刊？它是给谁看的？能起到什么影响？

由此，确定了编辑方针。编辑方针则包含着报纸、期刊的内容安排、编辑标准、报道原则、报道方式，等等。

以《人民日报海外版》为例，当年我在那里工作时，编辑部确定了定制（面向海外）、精致（精益求精）、雅致（格调高雅）的办报方针，引导采编工作走向规范，使海外版成为沟通海内外的纽带和桥梁。

报纸、期刊的编辑方针一旦确定以后，不要轻易变动，应当坚持其一贯性、一致性。我们来看一下以下这些报刊是怎么定位的。

《中国汽车报》：中国汽车舆论领袖。

《健康时报》：中国人的健康顾问。

《国际金融报》：全球财局，一报尽览。

《人民论坛》：思想创造价值。

《环球人物》：读环球人物，获人生智慧。

《环球时报》：报道多元世界，解读复杂中国。

定位确定后，编辑工作有了定心丸，版面安排也有了自己的"语言"。版面是报纸的"第一视觉"，具有传达信息、引导读者、传达美感等多重功能。因此，若想搞好版面，编辑不仅拼版技术要过硬，更要有思想水平、有创意的真功夫。

《北京青年报》做过一个调查，发现大多数在报摊前买报纸的读者会在五秒钟的时间内决定是否买报纸。那么，他们是根据什么买报纸的呢？除特定有目标的人之外，大部分人是根据报纸版面来买的。凡是报纸版面安排得有视觉冲击力，就会吸引读者。

我们会经常听到人们对报纸、期刊版面的各种评论："这个版面做得漂亮""这个版面做得一般""这个版面太差了"。那么，"漂亮""一般""太差"有没有客观标准呢？其评论依据何在？

好版面其共同点是：端庄、大方、美观、图文并茂、主次分明、吸引读者。而一般或较差的版面的通病是：过于呆滞、过于花哨、版面空间过松或过挤、黑压压一片、标题不讲究、整体不协调。

可见构成版面的要件为：标题、文字、图片、排版方式。

20世纪80年代前，报刊社均用的是铅字排版，这是火与铅的历练，编辑与排字工人的合作，一个字一个字地码，特别辛苦。以后逐步采用电子排版，速度快，美观。

四、个人工作体会

要使排版达到满意的效果，版面编辑的技巧需要逐步提高。在排版前，编辑对整个版面要有一个大致的设计。《沂蒙晚报》就是先在一块小黑板上画出小样。

先要确定本版面的头条、二条的位置，再确定专栏的位置，然后在其他空处填上别的稿件。一个版面的头条只有一篇，就像排头兵只有一个人一样。而现在网上的某些"头条"成了一个栏目。"啊！他们的稿件上头条了！"实际上很可能只是在这个栏目里登了一篇文章，不足以说明是真正的头条。

版面安排要遵循价值比较原则，新闻价值大的稿件必然占据重要位置。同时，要注意整个版面中心突出，不凌乱，不散。同类的稿件要放在一起，图片与文字稿应有呼应关系。比如，欢乐场面的图片就不要与悼念文章排在一起。

版面一定要有平衡感，任何头重脚轻或头轻脚重的排版方式都不可取。中国人历来是讲究对称美的，无论是建筑还是家具、服饰、园林的对称图案，都很注意这一点。在版面上，平衡与对称会给人以娴静、平和、沉稳的感受，而那些花里胡哨的版面，会给人以纷乱的感觉。在设计异型版面时，也要考虑险中求稳。

现在采用电脑排版了，也要有一个总体设想，版面编辑要把立意和策划落实在版样纸上，形成激光照排的作业图，然后把文字、图片分别填充到文本框里，再对初步形成的版式进行调整。一旦熟练了后，便可轻车熟路，达到满意效果。

一般来讲，在排版时标题与正文块采用分离操作，因为标题改动的情况较多，这样改起来比较方便。文章排版后的整块最好有一个比较规则的形状，正文要减少多个拐角的出现，以免给读者阅读带来不方便。栏目间的分割线要粗细搭配。要注意行距的疏密，基本统一，不要在一个版面上看出明显的行距疏密不一致。

字体上，报纸上正文一般采用宋体，标题一般采用宋体或黑体，评论采用楷体。副刊的标题可以用魏碑、隶书、美术字、手写字等，正刊的标题字不要弄得太花哨。

此外，标题字号的大小、放在什么位置都是有讲究的。现在，有些新手只会一种把标题通栏横版的方式，过于简单化，也不知道字号大小的搭配与运用。殊不知，标题还可以有直排、横排、竖排、跨栏等多种排法。报纸标题的字号大小要根据文章重要性、文章在版面上的位置、文章篇幅长短进行安排。期刊的标题字体可选择多样，变化修饰比报纸更为丰富。

我们已进入一个"读图时代"，对图片的要求越来越高，对版面的整体设计要求越来越高，对色彩的要求也越来越高。自20世纪末以来，随着市场化报纸的兴起，在我国报纸的形态上发生了显著变化。为了追求版面的视觉冲击力，开始采用大图片、大标题等元素，以更新版面语言，适应现代竞争的需求。经过十几年的实践和探索，报纸的视觉化已成为一种明显的价值追求，被视为现代和前卫的标志。

在运用图片方面，有几个注意事项：首先，要注意图片的大小搭配，确保各个元素之间的平衡；其次，注重动态的呈现方式，使图片更具生动感；此外，注意抓住细节，确保图片的质量和清晰度；另外，要进行后期处理，以提升图片的效果，还可以考虑使用手绘图画来增加视觉的艺术感；最后，为图片添加适当的文字说明，帮助读者更好地理解图片所传达的信息。

在运用图片时，需要注意大小搭配、动态呈现、细节把握、后期处理、手绘图画的运用以及文字说明的添加等方面。

版面是有"语言"的。就是说，看单独一篇稿件是一种感觉，看一个版面会是另一种感觉，因为经过排列组合，分清主次，选择字体、花边，形成了一种视觉效应，反映了编辑部对稿件的评价，这些都是单篇稿件所不具备的。报刊社内部、同行业内、省内市内乃至全国范围，会经常评选好版面，以达到借鉴、交流、激励作用。我因参加过多次内刊的评选，阅读过上千种内报内刊，所以才能够对好版面、差版面略知一二。

在世界范围，也有版面评选。在 2009 年第 30 届"世界最佳报纸设计大赛"中，中国报纸就获得 17 项单项奖，《重庆时报》"5·12 汶川大地震国哀专题"版面、《辽沈晚报》的"《奥运史迹》长卷"获银奖。

第二节　版面的文字编辑

报纸、期刊版面的整体工作是由文字编辑和美术编辑来完成的。

文字编辑任务主要是：整理来稿、分类；选稿；改稿（文字修改、压缩、改写、重写）；拟定标题；配言论；选图片（注意图片在版面上的大小及位置）；组稿、做专栏；校对、改正错别字及纠正常识性错误；设计版样；定稿，向上级领导请示、签字付印。

对一篇稿子进行编辑，首先要通读全文，不能读一段编一段。因为只有通读原文，才能领略全篇的概况。重要的稿子要先读两三遍。然后，找出编辑的方法，即怎么改才能把文章改好。一般的改动，如修饰、压缩等，由编辑自己决定，大改、重写最好征得领导和作者本人的同意，以免产生不必要的误会。

"文章是写出来的，更是改出来的。"我经常说这句话。从长期的工作中我体会到，文章能写出来，只是个毛坯房，修改是装修。装修得好，面目一新，人人喜欢。所以，能把不太好的文章改成好文章，是编辑水平的真实体现。

《人民日报》总编室的编辑们总结出编辑"戒律"15条[1]，可供企事业单位的报纸、期刊、网络编辑人员参考。这些"戒律"是：

戒迟缓。新闻姓新，就在路上，需要用脚追，还须用脑跑。

戒跟风。不当墙头小草，随风倾倒；要做中流砥柱，立场坚定。

戒炒作。炒作是营销，不是新闻报道。做到严肃而不拘谨，亲切而不媚俗。

戒失实。新闻的生命在于真实，雷人雷事要高度警惕。

戒笼统。简写一生，不如详写一天。典型细节，往往胜过全貌。

---

[1] 据人民日报社总编室编著的《编辑戒律案例解读》一书。——编者注

戒绝对。无完人,典型也不例外。有情感、困惑甚至不足的典型才生动丰满,真实可信,可敬可学。

戒啰唆。编稿、标题废字不用,俗语少用,雅词慎用。

戒守成。创新观念,创新内容,创新形式,创新方法,创新手段。

戒增添。编辑可以删节稿件,但增加内容,必须与记者沟通,不可"合理想象"。

戒封闭。编辑要多与记者交流,与同事商量,与社会沟通,开门办报。

戒盲从。编辑审稿,严格程序,大小记者一视同仁,不迷信盲从。

戒随意。遵守编辑规范和工作程序,按编辑规范手册处理稿件,最大限度减少错误发生。

戒推托。不把"排雷"任务留给下一道工序,我就是"工兵"。

戒抱怨。夜班编辑"晚九朝三",生活状态黑夜白天颠倒。抱怨不如行动,付出是一种积累,功夫不会白费,吃苦吃亏能成大事。

戒透支。休息好才能工作好,身体与知识都不能透支。

有了这些戒律,总编室的工作人员时刻提醒自己,围绕中心,服务大局,不失语、不乱语,敢说话、会说话,对新闻工作中"何处当止,何处当行"一目了然,成竹在胸,工作起来就井井有条。

第三节　专刊、特刊、专题的版面策划

专版、特刊、专题是报社、杂志社经常出版的特别版面。凡是重大节日、重要活动、重要项目，报刊社便会策划一些专版、特刊、专题，以满足读者需求。好的专版、特刊、专题会产生重大影响，振奋人心，鼓舞士气，具有资料收藏价值。

为使报纸、期刊的专版、特刊取得最佳的版面视觉表达效果，在版面策划中注意的要点有：专刊特刊的整体构思；主标题的位置确定；副标题的确定与安排；图片的数量与大小（压题照片的选用）；资料及表格的处理办法；封面设计与导读。

提高版面策划水平的办法之一是比较。我们可以把同一天的报纸、同一条消息拿来进行比较、讨论，看一看哪一个较好；也可以对各种杂志封面、版式进行对比，看看各种特刊、专版有什么特点、优点与不足。

在专题内容与形式的策划中，先要对专题的内容进行选定。通常可以从以下几个方面加以考虑：社会热点问题（如强拆、房价、电信诈骗）；人物专题（如劳模、学者）；节日专题（如春节、清明、国庆）；征文专题（如反腐倡廉、专题学习）；重大突发事件（如大地震、重大事故）。

专题的形式可以是编辑式（如优秀人物专题），也可以是征文式（如国庆征文专题）、集纳式（如春节庙会）、讨论式（如影评、对某事件看法），等等。

2014年4月20日《羊城晚报》头版的《最后一位红色娘子军战士走了》版面，被评为2014年度中国新闻奖一等奖。该版主稿占据版面报眉以下的六栏，稿件全部是该报记者的自采稿，全面、丰富、感人，弘扬主旋律，传递正能量。稿件、图片搭配合理，视觉效果冲击力强。报道中既包括主体新闻报道，又包括当天的追思仪式、卢阿婆生前的生活细节以及村民的悼念情况。此外，还附带了该报之前相关系列报道的链接。尤其引人注目的是配有多张极具视觉震撼力的图片，其中包括一张主要图片和一张红军照片的遗像。这些图片生动而丰富地展现了卢阿婆的精神风采，以及她的儿子和乡邻对她的悼念与敬佩。整个版面达到了内容与形式的高度统一。

必须坚持版面的创新，大胆设计出优秀版面。一切从好的效果出发，以读者满意度为最高准则。但是，这种创新，是在继承传统的基础上创新，而不是随心所欲、乱拼乱画，这一点是要加以提醒的。

第七章 版面编排技巧

第四节 版面设计的新思路

如今，不少报纸采用粗线条分割，黑白底纹反衬，大照片处理，配以生动醒目活泼的标题或导读，使人一目了然。有人把这种风格形象地比喻为"黑脸膛、粗眉。"这种以图片、标题为主的排版方式，是与当前读者的阅读心态紧密相连的。人人都在说："忙，忙，忙！"开车过斑马线都不愿意减速的人，哪有空闲时间慢慢地阅报。因此，适合于快阅读方式的报纸、期刊必然产生。

我国报纸已纷纷告别正文竖排的方式，只有少数标题还采用竖排方式，这主要是为了方便读者。传统的穿插式版面逐渐退出了报纸的舞台，因为它不便于阅读。相反，新兴的报纸开始引入西方模块式版面的设计理念，统一采用横排布局，有些甚至像书页一样排列。这种设计方式已经成为中国报纸版面设计的主流趋势。同时，许多报纸也采用了方便读者阅读的"窄报"设计，这种设计在全球范围内逐渐流行起来，在中国的一些报纸也相继采用了"窄报"的设计形式。

在版面设计中，我们必须对编辑排版的字体、字号、字距、行距、空间处理等因素进行创造性工作和大胆尝试。在版式设计中，不应一味地追求艺术性，过度缩小字号、虚化字体、重叠或添加装饰物等急功近利的做法是不可取的。版面设计必须遵循可读性、可视性、便利性和愉悦性的原则。我们应该学会创造视觉上的强势效果，这是一种超越文字意义的视觉表达方式。为了突出视觉效果，一些报纸采用了在版面最佳位置放置最大图片、最醒目标题和最重要文字稿的处理方式。单独的图片应该注重烘托周围稿件，提升它们的关注度和影响力。然而，在选择单独的图片时，应避免两个误区：与周围稿件搭配不协调，让读者感到困感；缺乏内涵，纯粹作为装饰填充。新闻图片通常在视觉上扮演着中心的角色，一个版面只能有一个视觉中心。版面设计应该注重视觉效果，但不应牺牲可读性和功能性。

我们应该追求合理的视觉布局，突出重点内容，并确保与周围稿件的协调。跨版也是报纸常用手法之一，其特点是容量大，品种多，端庄大气。

2014年3月11日《京华时报》做出了版面《立体搜救》。当时，正是马航MH370航班失联70余小时，各国派遣多艘舰船及直升机等参与救援，我国也紧急调动近10颗卫星辅助搜救。该版紧紧围绕马航失联后的搜救，通过版面设计很好地表达了"立体搜救"的全方位画面。使搜寻工作一目了然，画面感强，增强了阅读性。因制作精美，版式现代，内容与形式结合完美，被评为中国好新闻三等奖。

平衡是一种美，它讲究风格统一和上下呼应，讲究视觉和谐、平稳厚重。版面也要遵循一贯性原则，不可三天两头就变个花样。

专版可以设计得活泼一些，但也要基本符合原有报纸的风格。

留白是一种传统的设计方法，可以在每个版面的适当位置刻意留出空白，而不是过于拥挤地堆砌文字。好的留白可以创造出疏密得当的效果。

突出也是一种重要的版面美学，通过使用最大的照片、最大的标题和最重要的稿件，放置在最佳位置，可以营造出强势的版面效果，给人一种平地惊雷的美感，展现出非凡的气势和先驱者的姿态。只有突出才能展示力量。然而，从视觉心理学的角度来看，突出只能是相对的。

平衡美应该是整张报纸版面的总体调和。优秀的版面编辑工作不仅可以提升信息传播效果，提高报纸、杂志销量，创造更好的社会效益和经济效益，而且能提升报纸、期刊品牌形象，为报纸、期刊带来良好的口碑和强大的生命力，让我们一起为此而努力。

第八章
网络事件与危机公关

网络舆情和危机公关是两个紧密相关的概念。网络舆情是指在互联网和社交媒体平台上形成的关于某个话题、事件、品牌或个人的舆论倾向和情绪。通过网络舆情跟踪和分析，可以了解公众对其的看法、态度和情感，及时发现并回应潜在的声誉风险和危机。

危机公关是指在遭遇重大挑战、负面事件或危机时，采取积极有效的公关策略和措施，保护组织的声誉和形象，恢复公众的信任和支持。危机公关的目标是通过透明沟通、快速应对和危机管理，降低危机对组织造成的负面影响，并寻求解决方案和改善措施。

网络舆情和危机公关密切联系在一起。在互联网时代，舆情传播的速度快，影响力大，负面舆情和危机事件很容易在网络上迅速扩散。因此，需要及时跟踪和分析网络舆情，预测和预防潜在危机，并制定危机公关策略。

第一节　从网络事件看互联网特征

网上的新闻热点很多，其中有一些是突发新闻，能引起广大网民迅速而广泛的关注。突发新闻是指突然发生的重要新闻事件，通常具有新鲜性、紧急性和重要性，能够迅速引起广大网民的关注和讨论。这些突发新闻往往具有社会影响力，可以引发公众的关注和舆论讨论，对社会产生深远的影响。一些突发新闻，例如自然灾害、重大事故、社会事件等，具有重大的人道主义关切，会引发人们的同情和关注。人们会通过网络表达对受害者的关心和支持，同时也会对事件的原因和责任进行探讨和研究，希望能够从中汲取教训，预防类似事件再次发生。

另外，一些突发新闻也可能涉及政治、国际关系等重大议题，引发公众对国家和政府的关注和讨论。这些事件往往具有重大的战略和政治影响，会引发国内外政治团体和媒体的关注和研究。对于新闻媒体，突发新闻是一个重要的新闻资源，需要及时、准确地报道和解读。新闻媒体需要采用各种手段，包括文本、图片、视频等多种形式，全面、客观地报道事件的进展和影响，引导公众形成正确的认识和看法。同时，新闻媒体还需要加强自身的应急能力和新闻敏感度，及时捕捉和报道突发事件，为公众提供及时、准确、权威的信息服务。

在互联网时代，一个大众麦克风的时代到来了，人人都有话语权、发言权、发表新闻权，而且一发就传遍四面八方，突发事件自然就会引起人们的关注。互联网的传播速度极快，它不受时空限制，且有多媒体、多元化、受众全方位等特点，它图文兼备，交互性传播，开放、双向，并能持续发酵。

这种网络传播现象使信息来源产生颠覆性改变，并彼此借力，跨媒体交互放

第八章 网络事件与危机公关

大,影响十分广泛。手机的普及使人们的上网方式更为方便灵活,信息传输更趋便利。据统计,智能手机用户除了睡觉,平均每6分半钟看一次手机。

网络虽有许多优势,但也会产生不少问题,如谣言的传播,使人真假难辨、易上当受骗。还有个人隐私被泄露,造成生命财产受到侵犯。

网络不是一个可以不受任何管辖之地,它也有它的底线。这些底线包括:国家的法律法规、国家利益、公民合法权益、社会公共秩序、道德风尚、信息真实性、行业底线、保密原则、内外有别,等等。对此,必须时时牢记不忘。互联网是信息时代的产物,具有开放、去中心化、互动、实时性等特点。从网络事件的发展和演变中,可以看出互联网的一些特征。

开放性:互联网的开放性是其最重要的特征之一,任何人都可以通过网络自由地获取、传播和分享信息。这种开放性为互联网上的各种事件提供了广泛的参与和表达的空间。

去中心化:互联网是一个去中心化的系统,信息的传播和交流不再受限于传统的媒体机构和组织机构。这种去中心化特征使得网络事件的发起和传播更加容易,也更加具有影响力。

互动性:互联网可以实现人与人、人与信息之间的互动。这种互动性使得网络事件的参与者可以自由地表达自己的观点和看法,形成多元化的社会声音。

实时性:互联网的实时性是指信息的传播和交流是及时的。这种实时性使得网络事件可以在短时间内迅速传播,引起公众的广泛关注和讨论。

匿名性:互联网的匿名性是指网络用户可以通过虚拟身份在网络上进行交流和表达,不用透露真实身份。这种匿名性为网络事件的发起和传播提供了一种相对安全的环境,但也可能导致信息的不实和不负责任的表达。

互联网具有开放性、去中心化、互动、实时性和匿名性等特征,这些特征为网络事件的发生和演变提供了相应的条件和环境。在互联网时代,网络事件已经成为一种重要的社会现象,需要引起我们的重视和思考。

第二节 传统媒体与网络媒介现状

传统媒体包括报纸、杂志、电视、广播等,公开发行的报纸有两千多种,杂志一万余种,电视台、广播电台几千个。传统媒体的从业人员中,各种记者约一百多万人。看起来数量不少,但是与网络上的博客、微博、微信相比,实在是相差太远,后者都在三亿以上。

网络媒体与传统媒体相比较,网络媒体以秒更新新闻,传统媒体以天更新;网络媒体是双向互动,传统媒体则是单向传播;网络媒体的内容空间宽广无际,传统媒体的容量则受到版面、时间限制;网络媒体可以做到个性化服务,传统媒体则是大众化覆盖,无法照顾个性需要。因此,网络媒体渐成舆论主阵地,成为热点事件爆发的独立源头和传播的重要平台。

作为各企事业单位,如何用好政务微博、微信公众号等新媒体?如何完善"互联网+政务"服务?值得思考与探索。

在这种形势下,各级干部必须加强责任心与紧迫感,加强媒介素养和对新媒体管理能力,建立适合本部门实际情况的有效的新媒体平台,做好宣传工作,引导好舆情。常用的新媒体有:

微博。是一个基于用户关系的信息分享、传播以及获取平台,最初以 140 字左右的文字更新信息,并实现即时分享。2009 年 8 月新浪推出"新浪微博"内测版,微博正式进入中文主流人群视野。微博用户在 2010 年–2011 年呈现爆发式增长;2012 年起稳健发展。

微信。是腾讯于 2011 年 1 月推出的一款通过网络快速发送语音短信、视频、

第八章　网络事件与危机公关

图片和文字，支持多人群聊的移动即时通信工具。迄今累计注册用户已经超过十亿，微信日均发送达几百亿条。

微信公众号。可在微信平台上实现和特定群体的文字、图片、语音、视频的全方位沟通、互动。注册用户目前已达几千万个，影响力不断加大。

微电影。是指专门运用在各种新媒体平台上播放的微型短片。它是有故事情节的，具有完整策划和系统制作体系支持，在任何移动状态和短时休闲状态下都可以观看。微电影有着放映时间短、制作周期短、投资规模小等特点，主题也很宽泛。微电影是继微博之后的又一热门的媒体形式，它的核心是讲故事的形式，可以有影视内容，也可以是商业电影版。

新闻客户端。即新闻类移动 App，为用户快速提供新闻资讯的免费应用程序，可实现和特定群体的文字、图片、语音、视频的全方位沟通、互动。目前影响力逐渐加大。

网络现场直播。在现场随着事件的开始与进展就直接在网上发布信息，播出方与接受方可以直接在线进行语音、视频、数据的互动。网络直播可用于召开会议、培训，也可以用于网络营销、产品推广。真人秀也是网络直播形式之一。网络直播与电视直播有所不同（电视直播不能互动），其特点是成本低廉、互动性高、部署便捷、稳定可靠。

在世界各国，利用互联网成了政府或政府首脑的"名片"。梅德韦杰夫任俄罗斯总理时曾努力建立并扩大自己的网络存在；英国允许议员在会议进行时从议事厅发送手机短信、在网络上发表信息；德国前总理默克尔开设微博，努力打造亲民形象；美国前总统特朗普在推特上不断通过制造新闻、直接攻击竞争对手等方式来保持自己的媒体关注度。

网页、博客、微博、微信、公众号、直播等都是平台。都可发布意见，形成舆论格局。以微博舆论格局分析，似乎是三分天下的状态，即意见领袖、政务微博、媒体微博各占三分之一左右。

目前，全国各级政府机关部门已经开设政务机构微博超过十多万个，还有许多官员认证微博，活跃度和影响力相当大。

网络使各级领导干部构建形象面临挑战。一些干部因在网络上表现不佳，或被揪住名表、名烟、雷语、不雅视频而落马。为此，领导干部除洁身自好、率先垂范外，应当迅速摆脱"网络恐惧症"，尽快熟悉互联网、加强媒介素养、提高驾驭网络能力，才能够得到"加分"。

当前，全国各级政务新媒体活跃度继续提升，内容更加趋向于多元化，风格更加亲民，互动更加明显，政务新媒体已成为各级政府部门发布权威信息、加强政民互动、引导网络舆论、提升社会治理能力的一个重要组成部分。

网上有大量正面消息，但也有不少负面消息，甚至是假新闻。"新意见阶层"正在形成，还有不少草根网民也直抒胸臆，许多专家、名人、企业家、媒体人、党政干部都是新意见阶层的重要组成部分。"意见领袖"也被俗称作网络名人或"大V"，他们具有强大的设置议程和二次传播作用。"意见领袖"活跃度高、影响力大，是不可忽视的对象。

互联网自媒体在带来信息发布与传递方便快捷的同时，由于入门的低门槛、管理滞后，以及复杂的网络利益格局等，产生了不少夸大、攻击、造谣的信息，加上许多网民缺乏辨别信息真假的能力，不经认真核实便点赞或随意转发，有的还发表主观评论，使负面影响得以迅速扩大。

网络谣言有以下几种类型：恶意造谣、道听途说、旧闻新作、煽情炒作等。杜绝谣言滋生、扩散的任务仍十分艰巨。

与此同时，许多媒体在网络平台上开办微博，以扩大自身的影响。《人民日报》、央视新闻、新华视点的粉丝均有数千万之众。据不完全统计，2021年，全国正在运行的政府网站数为14537个。新浪和腾讯微博平台的政务微博达几十万个，政务微信账号近万个，有的政务微博粉丝数量高达几百万。

第三节　如何采写突发事件

突发事件是指那些事先毫无征兆的、突然发生的事情。这些事件包括自然灾害（水灾、台风、海啸等）、军事事件、重大交通事故、公共卫生事件、爆炸、火灾、劫持人质等。

这些事件的特点：一是突然性强，一下子就来了，让人思想上没有准备；二是破坏性特别大，会引起人员伤亡及财产损失；三是公众关注度大，会到处打听消息，甚至在街头巷尾聚集议论；四是事情发生后会产生许多传言、谣言，造成人心惶惶，影响社会安定；五是有相当一段延续时间。

突发新闻具有较大的新闻价值，有经验的记者会敏锐地抓住这一可遇不可求的时机，写出精彩的报道。有经验的领导会及时、公开、透明、有序地发布信息，让谣言止步，让民众获知真相，妥善处置。

《中华人民共和国突发事件应对法》第五十四条规定，任何单位和个人不得编造、传播有关突发事件事态发展或者应急处置工作的虚假信息。第六十三条第二款指出，对迟报、谎报、瞒报、漏报有关突发事件的信息，或者通报、报送、公布虚假信息，造成后果的，将根据情节对直接负责的主管人员和其他直接责任人员依法给予处分。

因此，在采写突发性新闻报道时，必须迅速、准确。记者要第一时间赶到现场，掌握第一手材料，有的在现场即可发稿。编辑部要有人值班，稿子随到随审随发，不要拖延。如有一些情况一时还不明朗，可以先做简短报道，跟踪采访后再作详细报道。除迅速、准确外，突发事件的稿件必须客观、全面。既发布现场

情况,又发布政府或企业应对措施、安置情况,还要发布公众反应。报道中的数字必须出自权威部门,不可道听途说。杜绝想象,不能隐瞒事实,更不可掩盖真相。这时,记者必须保持清醒头脑,千万别为了追求所谓的"轰动效应"而过于激进,加入个人情绪色彩,使报道失真。

我们通过以下一则突发新闻来具体分析。这则消息是《人民日报》记者吕岩松写的,当时他是驻南斯拉夫的记者,事发当时在现场,是他第一个用手机向国内报告了这个消息。消息以独有的时效、独有的事实和独有的传播效果,在第十届"中国新闻奖"的评选中,被评为"消息类一等奖"。

北约野蛮轰炸我驻南使馆

《人民日报》贝尔格莱德1999年5月8日电记者吕岩松报道:当地时间7日午夜(北京时间8日早5时45分),以美国为首的北约至少使用3枚导弹悍然袭击我驻南斯拉夫大使馆。到目前为止,至少造成3人死亡,1人失踪,20多人受伤,馆舍严重毁坏。

当地时间7日晚,北约对南斯拉夫首都贝尔格莱德市区进行了空袭以来最为猛烈的一次轰炸。晚9时始,贝尔格莱德市区全部停电。子夜时分,至少3枚导弹从不同方位直接命中我使馆大楼。导弹从主楼5层楼顶一直穿入地下室,使馆内浓烟滚滚,主楼附近的大使官邸的房顶也被掀落。

当时,我大使馆内约有30名使馆工作人员和我驻南记者。新华社女记者邵云环、《光明日报》记者许杏虎和夫人朱颖不幸遇难。据悉,这是外国驻南外交机构第一次被炸。

爆炸发生后,中国驻南联盟大使潘占林一直在现场指挥抢救。许多华侨对使馆给予了极大帮助。潘大使在被炸毁的使馆废墟前,愤怒地指出:"这是对中华人民共和国的攻击。"

南联盟外长约万诺维奇说:"使馆是中华人民共和国的领土,北约炸弹是对

第八章　网络事件与危机公关

外交的轰炸。"

当地时间8日下午,中国在贝尔格莱德的数百名华人举行抗议游行,数千南斯拉夫人参加了游行。

(原载1999年5月9日《人民日报》)

这篇报道在几个方面展现了出色的新闻价值:

首先,它具有极强的时效性。北约对中国驻南使馆的导弹袭击在全球范围内产生了重大影响,而《人民日报》记者吕岩松在事件发生后仅15分钟就通过手机向国内报告了使馆被袭的消息,并随后撰写了报道。相比其他媒体数小时后才有相关报道,这篇报道在新闻时效和事实性方面具有独特的优势。它为中国在外交上赢得时间和主动性,同时也激发了国内人民的爱国热情,发挥了难以估价的作用。

其次,这篇报道很好地体现了用事实说话的原则。尽管记者面对使馆被炸的惨况感到震惊和悲愤,但在写作时保持了情感的克制,坚持实录精神,报道了真实准确的事实。报道客观、不带有直接的议论,同时注重引用相关人士的话语,充分展示了用事实说话的原则。

最后,这篇报道文字准确、简洁有力。虽然篇幅只有500多字,但它清晰地描述了使馆被炸的事实,并首次明确提及了新华社记者邵云环、《光明日报》记者许杏虎和朱颖不幸遇难的情况。同时,报道还涵盖了华人华侨和前南联盟外长等相关方面的反应。尽管篇幅有限,但文章内容翔实,要点齐全,立场和观点明确。

综上所述,这篇报道在新闻时效性、事实性、用事实说话原则和文字简洁有力方面展现了出色的表现。它准确地报道了重要事件,传达了关键信息,具有深远的影响力。

采写突发新闻除了快速、准确之外,还必须避免穿靴戴帽、套话连篇,什么高度重视、十分关心、井然有序、情绪稳定等,这种八股文风言词空泛,不抓重点，而是邀功作秀，把灾难事故变成表扬庆功，对灾情、损失情况报告甚少，极易让群众产生逆反、怀疑情绪，甚至会激化矛盾。不但未能树立领导形象，反而有"捧杀"的可能。

采写突发新闻给了记者一次锻炼考验的好机会。记者的学识、应变能力、文字水平、摄影技巧、忍耐力都能得到充分体验。报道好突发新闻，是每一个记者成长道路上的重要里程碑。为此，必须抓住它，抓好它。

第八章　网络事件与危机公关

第四节　媒体与网络舆情应对

什么是网络舆情？网络舆情是网民的各种意见、情感在网上表达与互动的总和。它对现实生活中热点、焦点问题有较强影响力。在互联网传播形式迅速发展的当下，网上各种思潮接踵而来，观点交锋十分突出，网络舆情日趋活跃。政府、企业及相关职能部门如何把控好网络舆情，关系到稳定、发展的大局，对此应予以充分准备。现阶段，网络舆情具有以下几方面的特点。

一、现阶段网络舆情的特点

（一）危机源头的不确定

网络时代，信息的供给界限被打破了，信息的发布者也可能是信息的受众，二者之间的关系也开始变得更加的多元，互动更强了。正是因为这种变化，才造成了舆情源头的不确定性。以前，舆情开始爆发的时候，往往是从媒体机构开始的。

然而，自媒体高度发达的情况下，网民的表达欲望更加强烈，并且表达的渠道也更加多元，传播的方式更加高效。这就造成了很多时候舆情爆发了，媒体、企业和组织都还不知道危机从哪里而来。发现的时候，舆情已经是全网皆知，只见一片指责之声了。

（二）传播方式的多元化

以前，人们获取信息的渠道和表达信息的渠道单一。随着网络的出现、手机的出现、各种自媒体平台的出现，人们能够更加便捷地表达自己的想法。而信息的受众对此类信息，也更加愿意去传播转载，就成了大量的二次传播。例如从百度平台传到微信，从微信到微博，再到头条系，再到官媒新闻等。整个传播的渠道不光是以前的官媒了，而是现阶段的所有能够传播信息的渠道。这种多元化的渠道极大地提高了信息传播的速度和效率，所以信息传播更快了。

（三）信息受众的关注时间缩短

在传统媒体的时代，由于信息供给渠道有限，信息的供给量往往不多，公众为了打发时间，更愿意把时间花在一些比较有意思的信息上面。但是，进入融媒体时代以后，由于信息源的多元、传播渠道的多元，信息供给双方界限模糊，信息的不对称被打破了。这个时候一个新闻想要引起公众长时间的关注，要付出的代价就很大了，公众容易出现信息疲劳，往往不会花更多时间保持耐心去跟进事件的发展。

二、当前网络舆情演变规律的变化

当前，网络舆情演变规律正经历着许多变化。社交媒体的兴起、大数据和人工智能技术的应用、虚假信息和谣言的传播、用户个性化和分组化，以及公众参与意识的提升，都对舆情的传播和演变产生了深远的影响。在这一背景下，舆情管理和应对需要更加灵活、准确和全面的策略和手段。

（一）潜伏期压缩，爆发期加快

社交媒体平台的普及和使用给互联网舆情带来了巨大的影响。通过社交媒体，个人可以迅速发表观点，分享信息，与他人互动。这使得舆情的传播速度更快，范围更广，容易形成集体行动。网络舆情中虚假信息和谣言的传播现象日益严重。由于信息传播的速度和广度，虚假信息往往能够迅速蔓延，并且有时被误解为真实的事实。这对舆情的演变和舆论导向产生了重要影响，需要加强信息辨别能力和加强虚假信息的监测和应对。

（二）持续期可变，消退期迅速

随着互联网的发展，用户个人化和分组化的趋势越来越明显，人们更倾向于参与特定兴趣、特定群体的讨论和互动。这导致舆情演变规律的多样化和分散化，不同群体之间可能形成不同的舆论走向和态度。当下，公众对社会问题和公共事务的关注度和参与意识不断增强，人们更愿意发表自己的声音，表达自己的观点，对事件和议题进行讨论和辩论。这使得网络舆情的演变更加多元化和复杂化，需要更广泛的参与和管理。

三、传统媒体目前应对网络舆情存在的问题

近年来，随着网络技术和网络新闻的快速发展，网络舆论在社会舆论形成和传播中发挥着越来越重要的作用。尤其是新媒体的快速发展，以短平快、互动性强的优势异军突起，吸引了众多网友和意见领袖。由于网络已日益成为舆论生成的集散地，又是不容忽视的社会情绪"晴雨表"，如何认识、把握、利用网络舆情，已成为传统媒体面临的新课题。

（一）舆情反馈单一

传统媒体版面、时间有限，承载信息量少。相对而言，传统媒体更注重信息的单向传播，没有有效的信息反馈渠道，不能有效地双向沟通，对民众意见的聚合分析上处于短板。

（二）舆情工具落后

对网络舆情的实时跟踪力度不足，搜集舆情主要依靠各类搜索引擎。导致信息杂乱，效率较低。互联网的普及和自媒体的发展导致网络信息扩散非常迅速，而舆情工具的落后容易导致应对舆情工作的滞后，失去应对先机及初始话语权。

（三）舆情应对及引导经验不足

面对各类突发舆情信息，缺乏专业的判断能力，缺乏舆情应对的专业性。一是表现在基层专业舆情人员和舆情队伍的匮乏，基层舆情人员和队伍大多是由兼职人员组成，未能成立一支专业的舆情应对队伍，舆情工作人员未能全身心投入到舆情工作中，导致在面对突发舆情时，舆情工作人员不能准确判断舆情，更是缺乏一定的舆情处置能力和经验。二是表现在舆情应对工作机制的缺失。舆情应

对工作是舆情监测、收集、研判、引导、处置等环节环环相扣，但在实际工作中，基层舆情工作存在着舆情监测落后、收集不完整、研判不准确、引导不及时、处置不科学的现实问题，归根结底，主要是因为基层舆情应对主要是在上级部门的统筹安排下进行，未能形成自己的有效的系统的应对体制机制。

四、媒体应对网络舆情的价值与应用场景

传统媒体权威性高，引导网络舆情的话语权大，充分发挥"主场优势"，解决网络舆情所产生的矛盾。能够对全网进行监测，如热门论坛、贴吧、微博，各大网媒门户网站实时监控，收集重大行业政策，行业相关信息，行业热门事件。第一时间发现负面舆情并处理。

在此基础上，传统媒体通过承担社会责任，满足民众对事件的真实性及更加深入了解的需求，传播正能量，营造良好社会氛围。可以预测网友反应，快速掌握民众关注焦点和心理变化，掌握舆论指向，迅速研判对策，制定正确的议题管理，通过多渠道进行引导。

重视舆论引导的主阵地作用，解决好"在哪说"的问题。坚持移动优先，推动平台融合，要做好新媒体账号的建设工作，拓展发声渠道和舆论覆盖范围，构建多重发声渠道，打造私域流量池，强化平台互动，引导公众正向参与话题讨论。快速掌握民众关注焦点和心理变化，掌握舆论指向，迅速研判对策，制定正确的议题管理，通过多渠道进行引导。

五、融媒体时代网络舆情危机应对方案

在融媒体时代，网络舆情危机的应对方案需要综合利用多种手段和策略，以应对迅速传播、广泛参与和复杂多变的舆情环境。

（一）网络舆情的引导

在网络舆情危机发生时，及时回应和积极沟通是关键。建立快速响应机制，制定应对危机的沟通策略和方案，通过公开透明的方式向公众提供准确、全面的

信息，消除谣言和虚假信息的影响。

（二）强化监测

建立实时监测系统，对网络舆情进行及时跟踪和分析，发现危机的迹象和潜在风险。利用大数据和人工智能技术，进行情感分析和舆情预测，帮助提前发现和预警可能引发危机的事件或话题。

（三）危机应对理念

在平常时期，建设良好的品牌形象是预防网络舆情危机的重要措施。通过提供优质产品和服务，加强与用户的互动和关系，树立积极的品牌形象，增加公众对品牌的信任度，减少危机发生的可能性。

（四）科学机制

建立与媒体、政府、社会组织等相关方的紧密合作与联动机制。及时向媒体提供准确信息，积极与政府沟通合作，寻求危机解决的支持和帮助。通过与社会组织的合作，凝聚社会力量，共同应对网络舆情危机。

（五）社交媒体管理和引导

积极参与和管理社交媒体平台，建立良好的社交媒体策略。与用户进行互动，回应用户的关切和问题，及时解决潜在的问题和矛盾。同时，引导用户进行文明、理性的讨论，减少争议和冲突的发生。

第九章
融媒体时代的新闻采编策略

融媒体时代的来临,对于新闻采编策略提出了全新的挑战和机遇。传统的新闻报道方式已经不再适应当今多样化的媒体环境和信息消费习惯。在这个数字化、互联网普及的时代,新闻从业者需要面对信息爆炸和碎片化阅读的现实,以及公众对于多样化、实时性和互动性的期待。

在融媒体时代,公众对于新闻的需求已经从被动接受转变为积极参与,他们期望获得实时的、与新闻内容互动的体验。因此,新闻从业者需要及时掌握信息,以快速、准确地回应公众的关切,并通过社交媒体等平台与受众进行互动。

融媒体时代为新闻采编策略带来了巨大的变革和创新的机遇。在本章中,我们将深入探讨这些机遇,并提供实用的指导和案例分析,帮助新闻从业者更好地适应和应对融媒体时代的挑战,提升新闻报道的质量和影响力。

第一节　融媒体时代的新闻策略

当前，我国社会经济建设得到了迅猛发展，人们生活条件得到显著改善的同时，也逐渐重视起对文化等精神层面的追求与渴望。随着融媒体时代的到来，人们对文化的欣赏水平也日渐升高，对新闻媒体行业也提出了更高的要求。但经实际调查及研究发现，在新闻采编工作方面，传统媒体还存在不少不容忽视的问题，无法满足人们的需求。因此，新闻工作者就应加大创新力度，积极掌握各种采编技巧，从而有效提高新闻采编工作的效率及质量。

一、融媒体时代新闻采编存在的问题

（一）对一些新闻热点的敏感度不够

对于社会上的一些新闻热点，不少新闻工作者的敏感度不够，不能及时发现并捕捉到令公众感兴趣的事，长此以往，就很有可能流失掉不少的受众。另外一方面，还有不少新闻工作者依旧采用传统方法来采制新闻，跟不上时代的发展步伐，导致还没来得及编发一些吸人眼球的新闻热点，类似的新闻就已经出现在了网络上。此时如果急需报道类似的新闻，那么就会出现滞后的问题，所报道的新闻也失去了时效性，错失最佳的报道时间。由此可见，如果在新闻发生以后，新闻工作者未能在第一时间内捕捉到，并从中提取出有价值的、公众感兴趣的内容，那么就会导致新闻采编质量明显下降。

（二）新闻采编质量不高

随着融媒体时代的到来，各种高新技术及工具也不断涌现出来，为新闻采编及报道等提供了有力支持及大量便利，让新闻采编者的工作变得更加轻松与便捷。

第九章 融媒体时代的新闻采编策略

但调查发现,当前依旧存在新闻采编质量不高的问题,无法满足新闻采编工作的需求。目前,大部分的新闻采编人员并没有深入实地了解具体情况,而是借助网络技术远程搜集信息,此类投机取巧的做法是不正确且不可取的。目前,人们的生活与工作的节奏是非常快的,人们每天的空闲时间都非常有限,通常都是在工作或学习之余,利用碎片化的时间来看新闻。因此,新闻工作者在采编新闻时,应确保信息足够精简,并借助技术手段,筛选出事件中最为关键、重要的内容,确保公众在短时间内便能知晓新闻的大致内容及重点。

(三)专业能力不足

新闻工作者主要负责新闻采编工作,他们的专业能力会直接影响到新闻的采编质量。但在融媒体时代,不少新闻工作者存在专业能力不足的情况,也没有花费时间和精力来提高自身的专业能力。除此之外,有的新闻工作者过分追求热点以及阅读量,忽视了新闻的核心——真实性。

二、融媒体时代的新闻采编策略

(一)多角度进行新闻采编工作

一些新闻媒体为了提高吸引力,满足有猎奇倾向受众的需求,从而为获得更多的受众,甚至会发布一些没有经过进一步核实的、真实性有待商榷的新闻,这不仅违背了职业操作,也与新闻的核心背道而驰。如果经常出现这些缺乏真实性的新闻,不但会对社会造成不利影响,而且还会极大程度上降低人们对新闻媒体及新闻工作者的信任以及满意度,从而造成受众的流失。因此,新闻工作者应当严格遵守职业操作,将工作全面落实到位,对新闻事件进行深入、全面调查,确保向大众报道的新闻是真实且客观的。除此之外,新闻采编人员在接触突发新闻事件时,首先要保证其真实性,尽量在短时间内进行核实并取证,并且还需跟踪报道事件的后续发展情况。总之,作为新闻采编人员,应当具备高度的责任感。

（二）提高采编技巧，重视受众需求

现在看来，以往的一些电视新闻显得较为严肃、刻板，而融媒体时代下，随着人们的需求不断升高，对新闻更是提出了多样化的要求。针对此种情况，新闻采编人员就应将新的活力元素加入到电视新闻中。另外，新闻采编人员在实际工作过程中，应做到换位思考，将自己放在新闻受众者的角度，明确他们的需求，挖掘出公众感兴趣的点，在提高采编效果的同时，更好地满足大众对新闻的需求。

（三）熟练掌握各种新媒体技术，整合利用媒体资源

新闻采编人员需要高度重视所选主题的热度，了解事件发生的时间、地点等情况，以最佳的方式展现相关要素。在撰写新闻稿时，应从不同角度介绍事件，把握细节，用凝练、有深度的语言，概括出新闻主要内容，揭示主题，写出简明扼要且吸引人的新闻事实。此外，新闻稿还应结合文字与图片，编辑可根据现场图片按时间顺序记录事件，并选择最具代表性的照片，配以精准、凝练的文字，阐明事件的发生背景及原因。

在新闻采编时，选择合适的标题也非常重要，可以通过调整标题来让新闻更有温度，更具有情感共鸣，同时还要注意选择具有新颖性、新闻性和艺术穿透力的图片，给受众留下深刻印象。在叙述事实时，可以引用相关人士的话语，让整个新闻更加真实、严肃。总之，新闻采编人员应不断提高自身专业能力和职业素养，严格遵循求真、求实的原则，做到透过现象观察本质，制作出更受大众喜爱的、更具影响力的新闻作品。

第九章　融媒体时代的新闻采编策略

第二节　让本地新闻精品化

在当前信息时代，推出新闻精品对于传统媒体来说是尤为重要的。创作新闻精品的关键是用心、用情、用功。

用心是创作新闻精品的前提条件。创作新闻精品需要深入挖掘新闻事件的内在价值，挖掘事件背后的深层含义，用心发掘新闻事件的独特性和价值，以及新闻事件的影响力和社会意义。

用情是创作新闻精品的重要保证。创作新闻精品需要具备深厚的情感底蕴，能够把握事件的情感共鸣点，用情讲好新闻故事。新闻精品的创作需要体现作者的情感投入和对新闻事件的理解和感悟。

用功是创作新闻精品的必要条件。创作新闻精品需要付出大量的时间和精力，需要对新闻事件进行深入地采访和调研，需要对新闻事件进行多角度的解读和分析。只有用功才能创作出真正有价值的新闻精品。

一、用心：巧选独家视角，聚焦重大主题

在当今社会，传统媒体与各类新兴媒体甚至是自媒体的竞争十分激烈，只有破除常规思维，大胆创新，挖掘出其他人没有发现的新闻价值，才能在众多的新闻作品中脱颖而出。在选择新闻角度时，需要站位高、视野宽，既有新意又接地气，能够挖掘新闻事件的内在价值，把握事件的情感共鸣点，用心发掘新闻事件的独特性和价值。要创作出新闻精品，需要选择好的题材和角度，用心、用情、用功、站位高、视野宽，既有新意又接地气，才能在众多的新闻作品中脱颖而出，提高传统媒体的影响力和传播力。

2007年,《沂蒙晚报》推出"高考进行时"栏目,就从多角度报道了高考以及其背后的故事。从6月1日至6月17日,笔者先后采写《赶考路上包被抢》《"考后经济"悄然升温》《陪考大军》《高考准考证昨日开领》《我市92475名考生今日赴考》《他们提前进入大考》等关于高考的稿件。"高考进行时"栏目的推出,为读者提供了全方位、多角度的高考报道,不仅让读者了解高考的现状和趋势,还展示了高考背后的各种故事和情感。其中,笔者采写的一系列高考报道,更是深入挖掘了高考事件的内在价值,把握了事件的情感共鸣点,并用心发掘了高考事件的独特性和价值。

在《赶考路上包被抢》这篇报道中,笔者用真实的案例展示了高考考生在赶考路上面临的困难和挑战,把握了读者对于安全和公平的关注点,引起了读者的共鸣。而在《高考准考证昨日开领》和《我市92475名考生今日赴考》这两篇报道中,则生动地展示了考生们的紧张和期待,让读者更加深入地了解高考的氛围和场景。此外,《"考后经济"悄然升温》一文,则从经济角度探讨了高考对于商家和消费者的影响,把握了事件的多重价值,让读者了解到高考事件的多重影响。

这些报道不仅选择了好的题材和角度,而且用心、用情、用功,用生动形象的语言和细致入微的描写,让读者更加深入地了解高考事件的背景和内涵,引起了读者的共鸣和思考。这样的新闻报道不仅提高了传统媒体的影响力和传播力,也为读者提供了有价值的信息和启示。

二、用功:采访注重细节,写作精雕细琢

采访是新闻报道的基础,只有深入实际、深入群众、深入基层、深入新闻现场,才能获取更多鲜活的素材、更多感人的细节。新闻"四力",脚力是放在第一位的,只有通过实践,才能锤炼记者的采访能力,提高记者的工作效率和质量。

对于新闻记者来说,拥有善于分析的眼光是非常重要的,只有具备这种能力,才能看清事物的本质，准确判断新闻事件的价值，做到最佳的传播效果。此外，在对采访到的新闻素材进行挑选时，需要有敏锐的嗅觉和准确的判断力，以确保报道的内容精准、准确、全面。同时，标题也是非常关键的，一个好的标题能够吸引读者的眼球，让读者更多地了解新闻事件的重要性和价值。

要创作出新闻精品，需要从采访开始，深入实际、深入群众、深入基层、深入新闻现场，获取更多鲜活的素材、更多感人的细节；需要善于分析、敏锐判断，挑选出最合适的新闻素材，确保报道的内容精准、准确、全面；需要用心构思标题，吸引读者的眼球，让读者更多地了解新闻事件的重要性和价值。

三、用情：采写动真情，作品有温度

新闻报道要有温度，要有故事，要有情感。只有通过深入采访和精心撰写，才能打造出有思想、有温度、有品质的新闻精品，引起读者的共鸣和关注。新闻工作者需要以积极的态度、深入的思考和专业的精神，关注社会、关注时代，关注人民群众的生活和感受，从中发现新闻事件的价值和意义，以生动、感人的故事来呈现新闻事件，让读者能够深刻理解新闻事件的背后含义和价值。

在新闻报道中，记者需要注重细节、注重人物，通过生动的描写和真实的故事，让新闻事件更加鲜活、立体、感人。同时，记者还需要注重分析和解读，深入剖析新闻事件的根源和原因，以及对社会的影响和作用，促进社会的理性思考和讨论。

新闻报道要有温度和情感，需要采用多种艺术表现手法和写作技巧，让新闻作品更具有感染力和吸引力，引起读者的共鸣和关注。同时，记者还需要具备扎实的专业知识、敏锐的观察力和深入思考的能力，不断提高自己的写作水平和专业素养，为新闻事业的发展和社会进步做出更大的贡献。

在《发型助理小伟：学好手艺 做个城里人》（载《沂蒙晚报》2007年7月2日第4版头条）这篇文章中，生动地呈现了一位发型助理小伟的生活故事和奋

斗历程。文章中，我们了解到小伟是一个来自农村的年轻人，他在城市里学习理发技术，通过不懈努力和奋斗，逐渐成为一名专业的发型师，并在工作中获得了客户的高度评价和认可。

在这篇报道中，我们可以感受到小伟对于手艺的热爱和追求，以及他在城市生活中的不易和坚持。同时，文章还揭示了一些农村青年在城市中面临的挑战和困境，以及他们通过不懈努力和奋斗，实现自我价值和生活目标的故事。

新闻工作者要关注社会和人民群众的生活和感受，从中发掘新闻事件的价值和意义，用生动的故事和感人的情感来呈现新闻事件，让读者能够深刻理解新闻事件的背后含义和价值。

第三节 新闻内容"同质化"的思考

随着新媒体数量的增加和技术平台的不断升级,新闻同质化现象愈发明显,导致越来越多的新闻缺乏个性和创新,给受众留下千篇一律、似曾相识的感觉。这不仅会让观众感觉媒体报道缺乏创新,也会影响新闻的传播影响力。随着电子通讯平台的普及,受众对新闻的选择度增加,但同时也带来了同质化趋势,许多新闻围绕同一主题、同一事件,让受众感到无聊和厌烦。如果新闻缺乏个性和创新,就会失去其传播力和影响力,传播效果也会大打折扣。为了避免新闻同质化带来的不利因素,增加新闻的感染力,可以从挖掘独特视角和深度剖析、创新报道形式和手段、突出人物和情感等方面入手,让新闻报道更加生动、有趣、有意义。

一、放低视角,关注基层,把新闻点定在大众身上

目前,各家媒体之间的竞争越来越激烈,导致新闻同质化现象日益严重。在这种情况下,记者需要在新闻点的选取上下足功夫,以尽可能独特和个性化的方式呈现新闻,从而脱颖而出,赢得更多受众的认可和关注。

为了达到这个目标,记者需要摆脱通稿式的思维模式,注重巧思,避免陷入一般化的报道模式。记者可以从基层人物的角度出发,关注他们的生活、工作和困境,以此来定位新闻的采写方式。通过关注基层人物的故事,能够深入了解当地的社会风貌和文化底蕴,从而让报道更具有代表性和可读性。

此外,记者还应该尝试采用多样化的报道形式和手段,比如采用图文、音视频等多媒体形式,或者通过互动式报道、数据新闻等方式来增加新闻的吸引力和趣味性。同时,记者还需要注重新闻的深度和广度,通过深入调查和分析,挖掘

出新闻背后的原因和影响，从而让报道更具有深度和价值。

记者需要具备创新的思维和敏锐的洞察力，以独特的视角和多元化的报道方式来呈现新闻。通过这些努力，可以在激烈的市场竞争中脱颖而出，赢得更多受众的认可和关注。

二、用心观察，善于捕捉，把新闻点放在新闻的个性上

在当今新闻领域中，记者们面临着任务紧张、时间紧迫等各种挑战，这很容易导致新闻同质化现象的发生。因此，作为一名记者，需要采用一些策略来避免这种现象的发生。记者应该摆脱"给什么材料、写什么新闻"的思维模式，而是要以"做新闻点"为目标，注重新闻背后的内在价值和独特性。记者可以从不同的视角和角度出发，深入探究新闻事件的本质，并把握不同的传播效果，以此来创造独特的新闻价值。

记者需要注重新闻采写的广度和深度，通过深入调查和分析，挖掘出新闻事件背后的原因和影响，从而让报道更具有深度和价值。记者还可以采用多样化的报道形式和手段，比如采用图文、音视频等多媒体形式，或者通过互动式报道、数据新闻等方式来增加新闻的吸引力和趣味性。记者需要保持好奇心和开放心态，不断探索新的报道领域和新的采写方法，以提高自己的专业水平和创新能力。只有这样，才能在激烈的市场竞争中脱颖而出，赢得更多受众的认可和关注。

每个新闻事件都有其独特的特点和视角，只要记者们能够善于发现和捕捉，就能采写出与众不同的新闻稿件。通过注重新闻的广度和深度，采用多样化的报道形式和手段，以及保持好奇心和创新能力，记者们可以最大限度地减少新闻同质化的现象，同时提高新闻的独特性和吸引力。

三、理性分析，深入挖掘，把新闻点放在新闻背后的隐性信息上

除了描述新闻事件的基本事实外，记者们应该更注重对新闻事件的分析和解读，以及介绍对受众有用的深层次信息。通过深度思考和分析，记者们可以揭示

第九章　融媒体时代的新闻采编策略

新闻事件背后的深层次原因和影响，帮助受众更好地理解新闻事件，从而引发他们的兴趣和共鸣。

同时，记者们也应该注重新闻与受众之间的互动和交流。通过引导受众思考，让他们参与到新闻事件的讨论和分析中来，从而激发他们的创造性思维，并增加新闻的互动性和参与性。这种互动和交流不仅可以加深受众对新闻事件的理解，还可以提高新闻报道的可信度和影响力，增加新闻的传播效果。

最后，记者们还应该注重个性化的新闻报道风格。通过寻找新闻的差异点，形成自己独特的报道风格，让新闻报道更加具有特色，从而增强记者的品牌形象和影响力。同时，个性化的报道风格也可以吸引更多的受众，增加新闻的传播力和影响力，从而更好地区别于其他同类新闻，提高新闻的竞争力。

第四节 网络新闻编发要点

在互联网时代,网络新闻编辑不仅是新闻的发布者,还扮演着信息的把关人和传播的策划者的角色。与传统媒体相比,网络新闻编辑的评价标准和职责要求有所不同。在传统媒体中,新闻编辑的成熟程度通常通过对新闻尺度的把控来评价。然而,在网络新闻编辑的过程中,编辑的策划水平和能力变得尤为重要。

一般而言,新闻网站根据工作职能将编辑分为执行编辑和策划编辑两大类,各自承担不同的岗位职责。执行编辑的主要职责是采集、选择和加工新闻信息以及来自网友的内容,以充实网站的内容。他们负责收集各类新闻资讯,进行编辑和整理,确保新闻内容的准确性、客观性和及时性。同时,他们也负责处理网友反馈和用户生成内容,确保网站信息的全面性和多样性。

而策划编辑则需要对整个网站的风格、栏目、热点专题等进行策划,以增强网站的传播能力和吸引力。他们需要根据受众需求和市场趋势,设计并制定网站的内容策略和发布计划。他们负责选择和安排优质的新闻内容,优化网站的版面布局和用户体验,提升网站的影响力和用户黏性。他们需要具备敏锐的嗅觉,及时捕捉热点事件和社会趋势。他们还需要具备创新思维和多媒体技能,以便通过多样化的呈现方式和互动性的内容来吸引读者。总的来说,网络新闻编辑既要具备扎实的新闻素养和编辑技能,又需要具备较高的策划水平和创新能力,以适应互联网时代的传播要求和读者需求。

一、网络新闻编辑的工作要求及规律

作为一种工作,网络新闻编辑需要根据网络媒体的特点,按照新闻传播的规

第九章 融媒体时代的新闻采编策略

律来选择、加工和提炼新闻信息。以下是网络新闻编辑的基本要求和特点。

信息挑选与加工：网络新闻编辑需要判断哪些新闻能够引起网民的普遍兴趣，并将其挑选出来。在加工新闻时，编辑要使新闻的标题更醒目、更有概括力，以突出新闻的核心信息。

快速时效：网络新闻编辑需要在最短时间内完成工作，以满足网络媒体时效快、信息量大的要求。编辑需要迅速处理和发布新闻，确保及时性和效率。

从偏倚编辑到整合编辑：网络编辑打破了时间和空间的限制，采用整合编辑方式。编辑不再受限于特定时间和地点，可以通过整合各种信息来源，提供全面的报道和服务。

从及时编辑到全时编辑：传统媒体强调及时性，而网络新闻编辑要提供全时、全天候的信息服务。编辑需要随时更新和补充新闻内容，以保持持续的信息更新和传播。

从充实编辑到递增编辑：传统新闻一次性发布，而网络新闻可以不断更新和递增。编辑需要不断搜集新的信息，并将其补充到已发布的新闻中，以提供更全面和详尽的报道。

在职能方面，网络新闻编辑具有以下职责。

网络信息汇总职能：编辑需要广泛搜集信息，精心选择和加工信息，以确保新闻的准确性和质量。

网络传播把关职能：编辑需要对新闻和评论进行把关，确保网络媒体的内容质量和可信度。特别是对系统自动精选出的网民言论，编辑需要仔细审核和筛选。

网络舆论导向职能：编辑在引导网络舆论方面发挥重要作用。网络开放性使得极端言论和不法信息容易传播，编辑需要负责引导舆论，防止混淆视听和不良影响的扩散。

总的来说，网络新闻编辑需要充分利用网络媒体的特点，快速、准确地选择、加工和传播新闻信息，同时负责把关网络内容的质量和舆论导向。编辑的职责包括信息汇总、传播把关和舆论导向等方面的工作。。

二、网络新闻编发的原则

要成长为合格的策划编辑、执行编辑需要掌握以下技能和原则，以从海量的信息中迅速判断出有价值的新闻信息，并通过策划和整合来提升新闻的传播效果。一名执行编辑要成长为合格的策划编辑，需要具备信息判断和价值评估的能力，以及策划和整合新闻内容的能力。在整合策划过程中，需要遵循针对受众需求、抓住热点和趋势、多渠道传播等原则，以提升新闻的传播效果。

（一）整合性原则

网络编辑在碎片化信息时代的价值在于帮助读者挑选有价值的信息，并提供高质量的信息服务。网络新闻编发应力求全面报道事件的各个方面，不片面或偏颇地呈现信息。编辑人员应从多个角度收集信息，展示多样的观点和意见，以便读者能够全面了解事件的背景和相关情况。

网络新闻编发的整合性原则指的是将多种媒体形式和内容资源进行整合，以提供更丰富、多样化的新闻体验。这一原则强调在网络媒体环境中，新闻报道不再局限于纯文字形式，而是通过整合图像、视频、音频、互动元素等多种媒体形式，以及跨平台的内容资源，为读者提供更丰富、全面的信息呈现。

1. 多媒体形式整合。网络新闻可以通过整合图像、视频、音频等多媒体形式，以更直观、生动的方式呈现信息。例如，在新闻报道中加入相关的图片、视频素材，可以让读者更好地理解事件的发生和背景。

2. 互动元素整合。网络新闻可以通过整合互动元素，如投票、评论、社交分享等，与读者进行互动和参与。这样可以增加读者的参与感和参与度，让新闻变得更加具有互动性和社会性。

3. 跨平台整合。网络新闻可以在不同的平台上进行整合，包括网站、移动应用、社交媒体等。通过在不同平台上发布和推广新闻内容，可以增加新闻的传播范围和影响力，满足读者在不同平台上获取新闻的需求。

4. 多源信息整合。网络新闻可以整合多个信息源的内容，包括官方消息、专家观点、社会反应等。通过综合不同来源的信息，可以提供更全面、多角度的报道，帮助读者更好地理解事件的复杂性和多样性。

（二）美学性原则

网络新闻编发的美学性原则指的是在新闻内容的呈现和传达过程中，注重美学的考量和运用，以提升读者的阅读体验和信息传递的效果。这一原则强调在网络媒体环境中，新闻报道不仅要追求准确、全面的信息传递，还要注重语言表达的艺术性、视觉呈现的美感、排版布局的吸引力等方面，使新闻内容更具吸引力和可读性。

1. 语言表达的艺术性。网络新闻可以通过合理运用修辞手法、多样的句式结构、生动的词语等，使语言表达更富有艺术感。这样可以提升新闻文章的文学性和感染力，使读者在阅读过程中产生更深的共鸣和情感体验。

2. 视觉呈现的美感。网络新闻可以通过合理运用图片、配色、排版等视觉元素，创造出美感和吸引力。例如，选择高质量的图片、精心设计的排版布局、清晰明了的信息图表等，可以提升新闻页面的美观度和可读性。

3. 多媒体形式的美学运用。网络新闻可以通过整合多种媒体形式，如图片、视频、音频等，运用美学的手法来达到更好的呈现效果。例如，运用音乐、声效等音频元素营造氛围，运用剪辑、动画等视频技术增强视觉冲击力，使新闻内容更具感染力和视听享受。

4. 排版布局的吸引力。网络新闻可以通过合理的排版布局，使页面整体呈现出清晰、舒适的视觉效果。合理运用标题、副标题、段落分隔、引用框等元素，以及合适的字体、字号、行间距等，可以使新闻文章的结构更清晰、阅读更流畅，增加读者的阅读体验。

5. 用户体验的考量。美学性原则还包括对用户体验的关注。网络新闻应考虑读者的阅读习惯、设备适配等因素，提供良好的用户界面和交互设计，使读者能够轻松、愉快地获取信息，增强用户对新闻网站或应用的黏性和满意度。

（三）策划性原则

网络媒介与传统媒介不同，没有固定的发行或播出时间，但同样需要进行策划，主要体现在以下三个方面。

版面策划：在网页界面上，内容众多，需要进行分频道、分版块的布局，以突出重要信息。通过合理的版面设计，使页面层次分明，让重要内容一目了然。

标题策划：标题策划尤为重要。主页上的标题应该简明扼要，在一行内概括主题。标题过长会浪费空间，虚题则让人摸不着头脑。重要新闻的标题需要醒目显示，而正文内的标题则可以更加详细完整。好的标题能够吸引读者点击，即使其他工作做得再好，如果标题没有吸引力，也可能无法吸引网友的关注。在网络上，新闻阅读的流程通常是：新闻标题 → 点击 → 阅读。因此，制作网络标题的首要前提是如何在最短的时间内，用最便利、最引人的方式吸引受众的注意力。标题要求精简、鲜明生动，能够让人一眼看出主题，通俗易懂，与网民接近。使用关键词、核心内容、动词、形容词以及如拟人、夸张、借喻、借代等修辞手法，可以让一级标题与二级标题相互呼应。另外，还需要对重要新闻做简短摘要。由于首页一般只显示标题，但仅有标题可能不够，于是可采取对相当重要的新闻在首页显示简短摘要的形式。但切记，不能为了追求点击率而背离新闻原意篡改标题。某报社摄影部记者拍摄了一组题为《湖北××：员工"枕头大战"·宣泄工作压力》的照片，一些网站转载时为了"吸引眼球"把标题篡改为《法官与酒店女服务员枕头大战》等，给当地法院造成了恶劣影响。

舆论引导策划：网络编辑需要具备舆论引导的能力，这也是网络编辑的核心能力之一。具体做法包括在时间上做连续报道，让稿件集中在一起；在空间上精选理性网民评论，引导网民发表观点等。舆论引导的目的是影响和引导公众舆论的走向，通过有针对性地报道和评论，塑造舆论氛围，实现媒体的舆论引导功能。

总之，网络媒介的策划工作需要在版面、标题和舆论引导等方面进行精心设

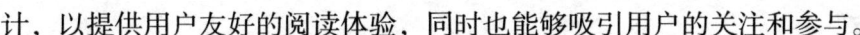

计，以提供用户友好的阅读体验，同时也能够吸引用户的关注和参与。

三、网络新闻写作的特点

网络媒体的写作与传统媒体的写作有什么不同呢？互联网时代的新闻要求更快更新更活。

要求更具新鲜性——增强时效性。

更抓重点——加强重要性（人物、项目、内容、事件的重要）。

更接地气——注重接近性（地理的接近，心理的接近）。

更准确——避免误导，坚持真实性。

更好读——关注趣味性，新闻要写得有文采，可读性强，有时不妨来点"小清新"。

早期的报网互动，局限于网站简单地复制报纸的内容，称为"电子版"。而新形势下的报网互动，已经不是复制、粘贴所能满足的，读者要求更多的互动来获得参与感，媒体也需要从互动中获得新闻资源。

三、网络新闻编发实战技巧

在网上编发信息，从标题到内容，有几点必须考虑周到。

标题：网络新闻的标题更像书的目录，与报纸不同，网上标题20字左右为一行，超过的字就只能用省略号了。当然，也有用两行题的，通常在头条用，这是少数。网络新闻是用鼠标点击标题才能播发全文。因此，拟好拟精标题，选准关键词，就十分重要。以新华网的网页为例，每行标题字数为21或22个字，标题必须少于这个字数。比如，新华网上有一稿题为《十二届全国人大常委会第二十七次会议分组审议证券法修订草案二次审议稿》，长达33个字，在网页主页标明时，压缩为《全国人大常委会分组审议证券法修订草案二审稿》，共21字，正好在目录页上排满。

评论：网络上也有评论。网络上写评论，可以集合各媒体的评论，搞汇集式的，也可搞独家评论。有互动的评论总是能吸引更多网民，甚至引出"正方""反方"。

版面：网络上也有网页美化的问题。好的网页引人注目，读起来痛快。文字有字号与颜色的变化，图片清晰且大小搭配，文图互补。纸质媒体的许多排版经验可以用到网络上。此外，不重视电脑网页、手机页面美化的观念是错误的，而精心设计重视美化的页面，就能获取更多的读者。

第九章 融媒体时代的新闻采编策略

第五节 以"微博"为切入点

网络环境是指由互联网所构成的网络空间,包括各种网络平台、应用和服务。它提供了信息传播、交流和互动的基础,为用户提供了广泛的信息获取和分享的渠道。

微博是一种在网络环境中非常流行的社交媒体平台,用户可以通过微博发布和分享短文、图片、视频等内容,并与其他用户进行互动和交流。微博以其即时性、公开性和广泛性而受到用户的喜爱,成了重要的信息传播平台之一。微博在网络环境中扮演着重要角色,为用户提供了即时交流和信息分享的渠道。

另一个与微博密切相关的名词是"大V",指在微博上非常活跃且拥有大量粉丝的"公众人物"。这些大V具有一定的影响力和知名度,他们的微博内容通常受到关注和转发。大V在微博平台上发挥着重要的信息传播和舆论引导的作用,他们的观点和观点影响着广大用户的看法和态度。

一、网络环境发生的变化

网络环境的变化使得议程设置更加多元化、个性化和富有参与性。媒体通过多样化的渠道和个性化的服务影响人们的关注和讨论,而用户通过社交媒体和参与互动的方式反过来影响媒体的议程设置。这种互动和反馈的过程为议程设置理论提供了新的视角和机会,同时也带来了更复杂的议程设置环境。网络环境中存在着众多的媒体平台和信息源,人们可以从不同的渠道获取信息。传统媒体、社交媒体、新闻网站、博客等各种形式的媒体共同构成了信息的生态系统。这种媒体多样化使得议程设置的方式更加多样化和分散化,不再仅仅由少数传统媒体主导。

网络环境中的个性化推荐和定制化服务成了常态。通过算法和人工智能技术，媒体可以根据用户的兴趣、偏好和行为进行个性化的信息推送。这种个性化的服务使得议程设置更加精准和针对性，不同用户接收到的信息和议题可能存在差异。社交媒体平台如微博等成了信息传播和讨论的重要场所。用户在社交媒体上可以发布自己的观点、分享新闻和话题，并与其他用户进行互动和讨论。社交媒体的影响力使得用户生成的内容和讨论成了议程设置的重要组成部分。

二、以微博为代表的网络舆论现状

微博作为一个开放的社交媒体平台，在网络舆论中起到了重要的推动和引导作用。用户在微博上可以表达自己的观点、参与讨论、获取信息，形成了多元的舆论环境。然而，微博上的舆论也存在着信息真实性等与管理监管之间的平衡问题，这仍然是一个需要关注和探讨的议题。

（一）碎片化、娱乐化导致真假难辨

在微博这样的社交媒体平台上，碎片化和娱乐化的特点确实可能导致真假难辨的情况。微博上的信息通常以短文本、图片和视频的形式呈现，篇幅受限，无法提供全面和深入的信息。这种碎片化的信息容易被断章取义或剪辑，导致信息的表达不完整或失真。人们可能只看到信息的一部分，而缺乏全面的背景和上下文，从而容易误解或产生偏见。

微博上的内容通常通过吸引人的标题和点击量来吸引用户的注意。一些内容创作者可能会夸大事实、制造轰动的标题，以获得更多的点击和转发量。这种点击驱动的机制会导致信息的夸大和失真，使得真实和虚假的界限变得模糊。在微博上，有时存在着不可靠的信息和谣言的传播。一些不负责任的用户可能故意发布虚假信息，或者无意间传播未经证实的消息。这些虚假信息可能迅速传播并

引发公众关注，导致真相难以辨别。随着社交媒体平台的兴起和普及，个人话语权的扩大导致了极端情绪的蔓延。在社交媒体上，用户可以使用匿名账号或化名来表达自己的观点，这为人们散布仇恨、歧视和极端主义提供了便利。言论自由的原则使得任何人都可以表达自己的观点，包括一些极端和激进的观点。同时，社交媒体平台往往通过算法和用户个人偏好来筛选和推荐内容。这种过滤机制有时会导致用户只接触到与自己观点相似的信息，形成信息的封闭圈子和群体极化。在这种环境下，极端观点更容易被放大和传播，进一步加剧了极端情绪的蔓延。

人们在社交媒体上往往与自己的社交圈子、兴趣群体或意见相合的人互动。这种社交认同和互相影响可能导致观点的极端化和情绪的传染。一些用户可能会被激进群体的言论和情绪所影响，从而加入到极端情绪的传播中。社交媒体的实时性和互动性使得情绪化的内容更容易引起关注和共鸣。一些极端言论或情绪化的信息可以迅速在社交媒体上扩散，形成一种集体行动的氛围。这种情绪化的传播可能导致更多的人加入进来，进一步放大了极端情绪。

（二）传播的不稳定导致舆论场混乱

在现代社交媒体的时代，信息可以迅速传播到全球范围。这种快速传播速度意味着消息可以在没有充分核实的情况下迅速传播，导致谣言和不准确的信息在短时间内扩散。这种不稳定性可能导致舆论场的混乱和不确定性。同时，社交媒体平台通常使用算法来筛选和推荐内容。这些算法会根据用户的偏好和兴趣来过滤和呈现信息。然而，这种个性化的过滤可能导致信息的片面性和偏见，形成信息的封闭圈子和群体化。这种群体化的现象可能导致相互对立的观点在舆论场中产生冲突和混乱。

社交媒体平台上存在大量的假新闻和虚假信息。这些虚假内容可能是有意制造的，也可能是用户不经意间传播的。不稳定的信息环境使得人们很难分辨真假，

导致舆论场充斥着不准确和误导性的信息，进而引发混乱。社交媒体上的讨论常常呈现喧嚣和情绪化的特点。人们往往在评论中表达强烈的情绪和立场，而不是进行理性和平衡的讨论。这种情绪化的交流可能导致舆论场的混乱和极端化，使得理性声音被淹没。

三、网络环境的治理之道

2013 年 8 月以来，国家加强对网络环境治理力度，散播谣言者被刑拘，但治理网络环境仅仅依靠行政强制力是不够的。网络环境的自净能力也与行政手段的力度有关，随着强制治理的力度增大，自净能力也会进一步提升。

（一）强化传统媒体与新媒体互动

在碎片化时代，新媒体确实在吸引受众方面具有优势，传统媒体很难在制作周期和发布速度上超越新媒体。如果传统媒体想要与新媒体竞争，确实需要将重点放在信息挖掘上。

议程设置的变化对传统媒体提出了更高的要求。在微博爆料之后，相关议题会迅速成为公众关注的焦点。能够准确、迅速地挖掘信息的前因后果，并做出正确的趋势预测，对于传统媒体来说至关重要。这样才能正确引导舆论，使网络舆论在可控范围内展开。

传统媒体对于宣传和把握主流价值观，能够在一定程度上规制网络环境下的沟通交流和舆论导向。网络热点的多变和价值观的多元性可能让民众迷失方向。传统媒体在尊重多元价值取向的基础上，可以为网络管理者提供舆情参考，并引导网络环境治理工作的展开。

然而，传统媒体在与新媒体竞争时也需要注意平衡。传统媒体应该充分利用新媒体的优势，加强技术创新和内容传播方式的改进，以更好地满足受众的需求。此外，传统媒体还可以与新媒体进行合作，共同探索适应时代发展的新模式，实现互利共赢。

(二) 提高全民媒介素养

对于网络谣言的滋生和泛滥以及极端情绪的蔓延，我们确实需要理性的视角来进行分析和看待。提升媒介素养有助于更准确地解读和探索深层次的信息。由于人们素质水平的差异，一些网民在未核实事件的情况下就盲目参与道德审判，加剧了不实信息的传播，同时也严重侵犯了事件当事人的权利。

提高媒介素养是一项长期的任务，不仅普通网民的媒介素养需要提高，一些网络"大V"的媒介素养也需要得到提升。许多网络"大V"并非刻意传播虚假信息，而是他们自身未意识到在传递不实情况。流言止于智者，只有从上至下全民的媒介素养提升才能从根源上根除网络谣言的传播。

为了提高媒介素养，我们可以采取一些措施。首先，教育系统可以加强对媒介素养的培养，包括培养批判性思维、信息辨析能力和媒体素养。其次，媒体机构可以加强自律，提供准确、客观、全面的报道，避免制造和传播谣言。此外，政府和社会组织可以开展相关的宣传和培训活动，提高公众对媒介素养的认识和重视。

最重要的是，每个人都应该保持理智的态度，在接收和传播信息时审慎对待。通过培养媒介素养，我们可以更好地理解和应对网络传播中的挑战，促进健康、负责任的信息环境的形成。

(三) 建立新的媒体评价机制

收视率、收听率是传统媒体的评价方式。为了博得收视率，各家电视台、报纸使出浑身解数，有的甚至不惜做出虚假、耸人听闻的节目。但在网络环境下，新媒体仍然是用"粉丝"数量、转发数量、关注程度这些类似于收视率的东西来衡量。

人天然就有猎奇心理，对那些高调、夸张的奇闻轶事感兴趣，流言传播者正是利用这个软肋来左右民众的视野。在去权威化的网络环境中，需要的是去功利化的新媒体,也用去功利化的标准来评价衡量新媒体。进一步改进、完善评价体系,凸显新媒体善治标准,用社会价值导向评价新媒体。

四、充分认识当前的舆论环境

随着互联网的发展,网络舆论作为一种舆论力量出现在人们眼前。充分认识当前的宣传与舆论环境,是做好新闻报道工作的前提,是宣传干部的必修课。媒体扮演着对舆论定调、转向、兴起、结束的角色,新媒体正日益成为众多热点新闻的首发媒体,国内正在形成一种新的舆论形成机制,即新媒体率先爆料、传统媒体不断跟进、通过议题互动共同掀起舆论高潮

某一事件的信息最初会在一个网络个人微博、微信或论坛上以帖子的形式出现,由于内容涉及热点、亮点、难点、疑点或名人、官员、明星,于是引起广大网民关注,纷纷跟帖、议论,由此逐渐形成一种网络舆论。

这种情况很快会引起传统媒体的注意,于是会派记者追踪报道。在经过传统媒体的报道和反映之后,网络舆论实现落地,在更大的舆论场中引发讨论,从而形成真实的舆论力量,最终推动事件的进展与解决。

以2014年12月31日上海外滩踩踏事件的舆情发展为例。当晚事件发生后,微博、微信等自媒体平台因其"平民化""交互性"等低门槛传播特点成为舆情主要的传播媒介,之后随着央视新闻、人民日报等主流媒体介入而迅速成为全国热点舆情事件。与此同时,伴随着这个话题的不断涌现,舆情出现第一波发酵,阅读量更是呈几何级数增长。随着事件具体处置的进展,财新网、《新京报》等开始介入深度评论,由此产生第二波舆情高峰,围绕"上海官方有无应急预案""事故发生还有何原因"等话题引发的观点交锋逐渐汇成这波舆情高峰的主流。迎接新年的喜庆与踩踏事件的悲惨,这一巨大情感反差,使事件在发生后迅速发酵成全国舆情热点。

第九章　融媒体时代的新闻采编策略

新华网发布的《2016年度社会热点事件网络舆情报告》显示，2016年4月和5月是社会热点舆情高发月份。从内容来看，医疗卫生、突发事件、网络治理、教育文化、交通管理、社会保障、环境保护等社会话题关注度较高。从舆情涉事主体来看，涉及党政机关的最多，相关部门的处置回应有成功案例，也有失败教训。企业舆情多为大型著名企业，其舆情处理的得失和公关智慧直接影响着品牌形象。自媒体成主要发酵平台之一，网民实现了"指尖发声"。明星频频介入公共话题，社会力量持续发展；整体舆论生态现微妙变化，主流意见趋向积极。

博客、社区、微博、微信、微信公众号对互联网舆论格局产生了巨大影响，越来越成为网民爆料的首选方式。爆料者有的通过跟踪偷拍获取资料，有的为了揭发弊案或隐私，也有的只为提供线索，是一种十分复杂的现象。爆料内容有明星生活、人肉搜索、泄露隐私、突发事件、网上告状等。

读者爆料新闻的途径常常有：热线电话；报社手机客户端"新闻爆料"按钮；报社网站；报社新浪网官方微博。爆料已逐渐成为媒体收集新闻题材的常用方法之一。

以笔者在《沂蒙晚报》上开设的专栏"靖说闲话"为例，《求财心切应聘"公关"先生》《假警察"抢劫"真小偷》《退货不成砸了锅》等一大批稿件都是通过热线电话、客户端、微博等方式给报社或者笔者本人爆料的。这些爆料内容的涵盖范围非常广泛，既有民生新闻，也有社会事件的揭露，都是读者关注度较高的热门话题。而爆料者在提供线索的同时，也为媒体提供了很好的新闻素材和报道角度，成为媒体收集新闻题材的常用方法之一。

爆料已经成为媒体收集新闻题材的常用方法之一，通过多种途径收集爆料内容不仅能够丰富新闻报道的角度和内容，还能够引发社会的关注和反思，提高新

闻报道的质量和影响力。同时，新闻工作者也需要注意保护个人隐私和权益，避免不必要的侵犯和误解。

第十章
融媒体时代新闻采编的创新探索

融媒体是新时代媒体技术及理念发展的产物,该理念广泛存在于媒体领域,并逐步成为竞相探索的媒体发展方式。其核心是依托全新的媒介载体,将传统的纸媒、广播及电视等媒介,在原有领域通过优势互补,利用现代媒体发展方式进行融合,在保证各自优势的前提下,进一步拓展发展空间,实现内容兼容、资源通融和利益共融的新型媒体。

网络信息时代的深入发展,推动着各领域发展方式的转变,新闻媒体作为传播信息的载体,更面临着广泛而深刻的变革。融媒体时代是一个新旧媒体交织与发展的时代,其中既存在激烈的竞争,也存在广泛的合作,为争夺未来信息的主导权,新闻媒体必须迎难而上,不断变革传播方式,寻求多元化的发展途径,利用新闻传播的时代特征,实现自身的全面转型和华丽蜕变。

第一节　优化市场定位

在繁杂的新媒体时代，信息数量之大让人们可能感到无所适从。有些信息能轻易地被用户忽视，而有些信息却能像钩子一样紧紧抓住用户的注意力。在注意力成为稀缺资源的当下，如何更高效地利用融媒体来占领用户心智呢？所谓占领用户心智就是抢占用户的认知。占领用户心智是一项极其重要的策略，无论是在商业领域还是媒体领域都是如此。用户的大脑容量有限，只会留存一些最重要、最印象深刻的信息，对于同一类别的品牌或媒体来说，只有那些成功占领用户心智的才能够在市场中立于不败之地，获得长久发展。

在媒体领域，占领用户心智的关键在于找到自身的定位和独特性。媒体需要深入了解用户的需求和心理，为他们提供更加个性化和贴近生活的内容，从而在用户心中形成独特的印象。同时，媒体也需要根据自身的特点和优势，确定自己的品牌形象和定位，使用户能够对其产生深刻的印象和认知。

此外，媒体也需要积极探索和创新，不断尝试新的媒体形式和内容形式，以吸引用户的关注和兴趣。通过与用户的互动和交流，媒体可以更好地了解用户的需求和反馈，及时调整自己的内容和定位，提高用户的满意度和忠诚度，进一步占领用户心智。

抢夺用户心智是媒体转型发展的重要策略，媒体需要找到自身的定位和独特性，深入了解用户需求和心理，积极探索和创新，并与用户互动和交流，从而实现成功转型和长久发展。

随着移动互联网的兴起，传统媒体行业发生了巨大变革，原有的经营模式和

第十章 融媒体时代新闻采编的创新探索

运营机制面临挑战。为了适应这一变化，中央全面深化改革领导小组在2014年通过了《关于推动传统媒体和新兴媒体融合发展的指导意见》。该指导意见要求传统媒体运用先进的传播技术，增强信息生产和服务能力，更好地满足人民群众的信息需求。

为了实现传统媒体和新兴媒体的深度融合，许多媒体积极采用大数据、云计算等新技术，发展移动客户端、手机网站等新应用和新业态，并不断提高技术研发水平。同时，它们也加强了内容建设，重新整合了机构设置，优化了信息服务，重构了"策采编发馈"流程，以内容优势赢得发展优势。经过近几年的探索，一些媒体取得了显著的成效，用户数量快速增长，影响力显著提高，经营业绩不断提升。

这些媒体的成功经验值得我们学习和借鉴。在当前移动互联网时代，传统媒体必须积极适应新的信息传播方式和用户习惯，深化融合发展，加强技术研发和内容建设，实现传统媒体和新兴媒体在内容、渠道、平台、经营、管理等方面的深度融合。这样做可以更好地满足人民群众的信息需求，也可以提高自身的竞争力和影响力。

一、立足自身优势，开辟新类别，深耕细分市场

通过研究中央媒体、地方媒体和商业化媒体的成功案例，我们可以发现它们代表了不同类型的媒体，并在用户心目中成为该类别的代表。这些媒体在各自的领域中占据着领导地位，具有明确的定位和特色。例如，中央媒体如人民日报、新华社和中央广播电视总台一直以来都以权威、全面和深度报道，成为人们信赖的信息来源。澎湃新闻则专注提供于提供时政和思想的开放平台，受到关注和认可。而今日头条则代表商业化媒体，通过计算机算法来推荐信息，取得了巨大的商业成功。

对于后来者和规模较小的媒体来说，在细分市场上进行深耕是一个明智的选

择。近年来，一些如今日头条等现象级产品在推荐算法方面取得了巨大成功。其他媒体也采取了不同的策略，通过针对特定年轻群体的产品、地方民生信息服务或基于政府公关和基础设施资源的优势来填补市场空白，并取得了成功。当前，中国的媒体市场充满了商机和发展潜力。无论是大型全国性媒体集团还是地方性小媒体，只要能够找准市场细分点，抓住机遇，就有可能在融合发展的浪潮中崭露头角。目前，全国性媒体的格局已初步形成，中央媒体和商业媒体在市场竞争中势均力敌。各家媒体都在通过投资子公司、发展工作室、孵化自媒体等方式扩大自身的影响力和市场份额。党媒系统庞大而强大，如果能够准确把握机遇，找准定位并采取精准施策，占据最具优势的细分领域，就一定能够在媒体行业攻坚战中取得成功。

二、党媒实现成功转型的必备要素

其一，党媒作为党和政府的重要宣传阵地，始终应该保持党媒的基因不动摇，传播党的声音，记录时代的进步，弘扬社会向上向善的力量。"权威、全面、深度"是党媒一直以来赖以建立的形象和印象。近年来，一些党媒工作者为了追求点击率、浏览量，不顾事实真相，发布不实信息和小道消息，严重损害了党媒的权威性和公信力，给党和政府带来了负面影响。因此，党媒在发展过程中，应该始终坚持正确的舆论导向，秉持客观、公正、真实的原则，不断提高新闻报道和舆论引导的水平，加强内部管理和监督，不断提升党媒的影响力和公信力。

其二，媒体市场具有巨大的潜力，只要媒体能够做好区域划分、精准定位，就有可能占据一个领域。在当前的媒体格局中，传统党媒可以专注于不同领域，也可以关注不同的人群，通过细分市场来获得竞争优势。与此同时，还可以开辟新的媒体类别，探索新的发展模式。

西藏日报社新媒体实践是一个成功案例。考虑到西藏的特殊地理环境和人文情况，西藏日报社新媒体中心专门推出听说功能产品，解决了牧民看报不便的问

第十章 融媒体时代新闻采编的创新探索

题。这种精准定位和开辟新类别的做法，不仅满足了特定人群的需求，也为西藏日报社打造了一个独特的品牌形象，提升了其影响力和号召力。

同时，当前的媒体市场中还存在着许多深耕于某一领域的媒体，这些媒体通过在特定领域的深耕和积累，获得了良好的市场口碑和影响力。这些媒体可以在数字化转型的时代中，通过开发新媒体产品和服务，延伸自己的影响力和市场份额，创造更多的商业价值。

其三，好名称对产品的成功起到了至关重要的作用，媒体行业也不例外。在数字化转型的时代中，好的品牌名称可以成为媒体产品成功的关键因素之一。一些地方媒体立足自身实际，在转变以往风格的同时，也相应改变了名称，使之成为现象级产品。例如，澎湃新闻客户端，自创立之初，澎湃新闻就希望改变原有严肃、严谨的形象，针对其特点命名为"澎湃"，瞬间给读者心潮澎湃的感觉，获得了广大用户的青睐。这种好名称的选择，不仅能够吸引用户的注意力，也能够为媒体产品赋予更具有个性和品牌价值的特点，让媒体产品在竞争激烈的市场中脱颖而出，取得更大的商业成功。

其四，媒体市场需要政府营造公平环境。在新闻舆论领域，政府的深入参与是必要的，因为新闻舆论需要一定的引导和监管。党媒的特点是"权威、正面、严肃"，从理论上来讲，当用户遇到突发事件时，首先应该关注党媒。但在信息发布时，党媒往往顾虑较多，商业化媒体顾虑较少，甚至肆无忌惮，导致党媒的优势未能充分发挥。

在传统媒体抢占用户心智的过程中，政府应当营造一个公平的竞争环境和知识版权保护的清朗环境。政府应该加强对违规抢发、乱发的行为的打击力度，保护媒体行业的知识产权，维护媒体行业的公平竞争环境。只有在公平的竞争环境中，党媒才能充分发挥其权威性和正面性的优势，实现媒体行业的可持续发展。

另外，地方媒体并不会消亡，随着信息化的推进，用户对各类信息的需求将不断扩大，媒体市场的前景仍然十分广阔。只有找准自己的定位，抢占用户心智，才能实现成功转型，获得更大的商业价值。

第二节　强化各种媒体的采编相融

在融媒体时代，新闻采编工作需要进行创新和研讨，以适应时代的变化和用户需求的变化。首先，需要全面提升相关从业人员对新闻信息的采编技巧，跟随时事热点，进行各类素材的深入分析和收集。同时，新闻工作者要将民众的真实需求放在第一位，对时事进行深入挖掘，保证报道的客观性，并努力提升自身的语言组织能力和表达能力，使得新闻工作充分发挥应有的价值。

在中国特色社会主义进入新时代的背景下，党的意识形态工作也需要有新目标、新气象、新作为。在正确舆论导向的基础上，要高度重视传播手段建设和创新，提高新闻舆论传播力、影响力、公信力。加强互联网内容建设，建立网络综合治理体系，营造清朗的网络空间，这些都是当前新闻舆论工作需要重点关注的问题。作为新闻工作者，我们要认真学习贯彻习总书记提出的战略思想，发挥媒体的作用，以高度认真的责任感和时不我待的紧迫感，强化互联网思维，推进媒体深度融合，为党和人民的事业做出更大的贡献。

一、全面贯彻融合战略

新闻媒体肩负着十分重要的使命，必须守土有责、守土负责、守土尽责。特别是近年来，随着移动互联网的发展，新兴媒体蓬勃发展，带来了舆论生成和传播方式的革命性变化。互联网已经成为舆论产生、传播的大本营，成为各种思潮、意识抢占的主阵地。这对传统媒体提出了更高的要求，需要加强自身的创新和变革，提高自身的适应能力。

传统媒体出现读者、观众规模减小、影响力式微等问题，舆论主导地位和主

第十章　融媒体时代新闻采编的创新探索

渠道作用受到挑战，这也是传统媒体面临的一个重要问题。为了应对这种挑战，传统媒体需要不断创新，适应新的形势和需求，加强与互联网的融合，提高自身的信息化水平和服务质量，增强自身的竞争力和影响力。同时，也需要加大对新兴媒体的关注和引导，引导其发挥积极作用，推动传统媒体和新兴媒体的协同发展。只有这样，传统媒体才能在新时代中焕发新的生机和活力。党的十八大以来，以习近平同志为核心的党中央举旗定向，运筹帷幄。从党和国家的战略安全高度出发，多次对媒体发展、传统媒体与新兴媒体的融合做出重要指示。

2014年8月，中央全面深化改革领导小组通过《关于推动传统媒体和新兴媒体融合发展的指导意见》。习近平总书记强调，推动传统媒体与新兴媒体融合发展，坚持传统媒体与新兴媒体优势互补、一体发展，坚持先进技术为支撑、内容建设为根本，推动传统媒体与新兴媒体在内容、渠道、平台、经营、管理等方面的深度融合，着力打造一批形态多样、手段先进、有竞争力的新型主流媒体，形成立体多样、融合发展的现代传播体系。

从传统媒体与新兴媒体融合发展到"融为一体、合而为一"，从打造一批新型主流媒体到加快构建舆论引导新格局，党中央对媒体融合谋划了清晰的战略思路，制定了系列方针政策，出台了系列重大举措。特别是习近平总书记的多次指示，为推动媒体深度融合指明了方向，提供了遵循，带来了巨大的推动力。

二、强化互联网思维

媒体融合需要思想观念的变革，而互联网思维则是媒体融合的重要理论基础。准确理解互联网思维的特性，不仅是一个认识问题，更是一个实践问题。互联网思维强调开放、平等、共享、协作等特点，核心是多主体共赢互利。在新的传播格局中，媒体需要树立用户观念，注重用户体验，适应新媒体即时传播、海量传播、充分开放、充分竞争的新形势。

过去，传统媒体奉行单向思维，只要把内容发布出去，即为完成工作，很少考虑内容传播效果。这种思维方式已经不适应当前的媒体环境。传统媒体需要从单向思维向双向互动思维转变，注重用户反馈和互动，不断优化内容和服务，提高用户体验。同时，传统媒体也需要加强与新兴媒体的融合，充分发挥各自的优势，创新传播方式和手段，提高传播力和引导力。媒体融合需要不断深化，而观念的转型是媒体融合的先决条件。只有树立正确的观念，认识到媒体融合的重要性和必要性，才能在实践中取得更好的效果。

媒体融合需要充分发挥互联网思维的作用，而互联网思维也需要在媒体融合中得到更好的落实。媒体融合不能简单地将传统媒体和新兴媒体简单地相加，而是要在内容、技术、管理等方面进行深度融合，实现资源共享、优势互补的目标。在这个过程中，互联网思维是一个非常重要的思考方式。

传统媒体应该以创新的姿态和勇气，用互联网思维这个强大的武器，迎接融合的挑战。传统媒体需要坚持以用户为中心，注重用户体验，适应新媒体即时传播、海量传播、充分开放、充分竞争的新形势。同时，传统媒体也需要加强与新兴媒体的合作和融合，充分发挥各自的优势，创新传播方式和手段，提高传播力和引导力。媒体融合需要不断深化，而互联网思维则需要不断廓清与深化。只有充分理解互联网思维的特性，树立正确的观念，才能更好地应对媒体融合的挑战。

三、推进"中央厨房"探索

在媒体融合中，打破传统的体制、机制，解决条块分割、权责不清等问题是非常重要的。而"中央厨房"作为媒体深度融合的龙头工程，具有非常重要的功能定位和作用。"中央厨房"作为硬件基础和技术平台，集中了指挥调度中心、采编发联动平台等核心部分，可以实现管理扁平化、功能集成化、产品全媒体化。它不仅可以统一管理和调度媒体资源，还可以实现内容生产、编辑、发布等环节的高效协调和信息沟通，提高效率和质量。同时，"中央厨房"也可以支持多渠道、多平台的传播，实现全媒体传播。

第十章　融媒体时代新闻采编的创新探索

"中央厨房"是互联网思维的产物,借鉴了互联网平台的特点和优势,强调开放、共享、协作等特点,实现多主体共赢互利。它也是媒体进一步融合的结晶,可以为媒体的转型升级提供有力支持。当然,"中央厨房"并不是万能的,媒体融合需要全方位、系统性的思考和实践。但是,选择一两处关键点进行突破,建设"中央厨房"是非常重要的一步,可以为媒体融合的发展提供重要的支持和推动力。

实践证明,"中央厨房"已经成为媒体深度融合的关键环节,发挥着极其重要的作用。在实践中,我们也可以看到,"中央厨房"在运行中还存在一些问题,需要不断探索和完善。一些地方的"中央厨房"建设过于注重形式,造成了一定的隐性浪费,这需要在建设过程中加强规划和管理,注重效益和实用性。同时,一些"中央厨房"建成后又被肢解成"小锅小灶",没有达到融合、和睦的效果,这需要加强对系统整合的理解和落实。此外,"中央厨房"也需要建立相应的运营制度、绩效机制、人才体制等,保障其正常运转和发展,避免出现保障乏力的问题。

媒体融合是一个复杂的系统工程,每一个环节都需要不断探索和完善。在实践中,需要加强对"中央厨房"建设的规划和管理,注重效益和实用性,加强对系统整合的理解和落实,建立相应的运营制度、绩效机制、人才体制等,保障其正常运转和发展,全面推动内容、渠道、平台、经营、管理等各方面的深度融合,为媒体的转型升级提供有力支持和推动力。

第三节　借助新媒体故事，提升新闻内容的丰富性

讲好中国故事是主流媒体的重要使命和责任。在全球化和信息化的背景下，中国故事的讲述不仅关系到国家形象和文化软实力的提升，也关系到国家安全和国际影响力的巩固。

主流媒体要通过多种形式讲好中国故事，展现中国的真实、立体、全面形象，提高国家文化软实力。利用新媒体的优势，主流媒体可以更好地传播中国声音，凝聚民族力量。除了传统的文字报道外，主流媒体还可以运用图片、视频、音频、动漫等多种形式，打造更为生动、形象、有趣的故事。

同时，主流媒体也要关注受众的需求和反馈，不断改进宣传报道方式和手段，使中国故事更好地传播到国内外广大受众中。此外，主流媒体还需要注重文化自信，推动文化创新，深化文化交流，才能更好地讲好中国故事。讲好中国故事是主流媒体的重要使命和责任。主流媒体应利用新媒体的优势，通过多种形式展现中国的真实、立体、全面形象，提高国家文化软实力，凝聚民族力量，为国家的发展和进步做出积极贡献。

一、为什么要赋能：利用新媒体平台讲好中国故事意义重大

利用新媒体平台讲好中国故事，既是传统文化创造性转化与创新性发展的内在需求，也是传统主流媒体改革创新的必然选择，更是对抗别有用心之人恶意冲击的有效办法。新媒体平台具有传播速度快、传播范围广、传播形式多样等优势，可以更好地传播中国故事，让更多的人了解中国的历史、文化、社会、发展等方

面。同时，新媒体平台也为传统主流媒体提供了机遇和挑战，通过媒体融合进程，传统主流媒体可以实现全媒体传播，满足受众多样化需求，提高传播效果。

在利用新媒体平台讲好中国故事的过程中，需要注意以下几点：一是注重真实性和客观性，讲述的故事要客观、真实、有根据，不得虚构、歪曲事实。二是注重创意和创新，传统文化的传播方式需要创新，适应融媒体时代的需求和特点，提高吸引力和感染力。三是注重受众参与和反馈，新媒体平台具有互动性强的特点，需要注重受众的参与和反馈，及时调整和改进传播方式和内容。

利用新媒体平台讲好中国故事是非常必要和重要的，可以促进传统文化创造性转化与创新性发展，推动传统主流媒体改革创新，对抗别有用心之人恶意冲击，提高国家的文化软实力和影响力。

二、如何赋能之一：从传播者、传播受众与传播内容入手，重建文化与消费关系

中华优秀传统文化是中华民族独有的标识，在五千多年文明发展中孕育的中华优秀传统文化，积淀着中华民族最深沉的精神追求。我们只有更深刻地理解中华优秀传统文化的当代价值和时代蕴含，才能够更好构筑中国精神、中国价值、中国力量，不断铸就中华文化新辉煌。传承中华优秀传统文化，树立好中国形象，从而激发中国人更多的文化自信与文化认同，增强中华民族凝聚力，助推中华民族伟大复兴，这才是"讲好中国故事"的重中之重。传统文化的传播需要政府、社会组织和企业的共同参与，而文化消费能够为企业的科技创新提供精神支持、文化创意。通过新媒体平台推广传统文化，可以带来广泛的关注度，将流量红利进行商业变现，繁荣文化消费市场，助力传统文化的传播。

在推广传统文化的过程中，需要注重文化产品的创新和多样性。传统文化的内容是丰富多彩的，可以通过新媒体平台进行创新和变革，创造出更多符合年轻人需求的文化产品。同时，需要注重新媒体技术的应用，运用无人机航拍、AI

人工智能、VR 虚拟现实、AR 增强现实等新技术,丰富中国故事的呈现形式,提高传播效果和吸引力。

此外,需要注重文化消费市场的培育和后续发展。文化消费是传统文化传承发展的重要环节,需要通过新媒体平台推广传统文化,提高文化产品的知名度和影响力,吸引更多民众参与文化消费市场,促进文化产业的繁荣发展。

(一)从传播者的角度来看

传统文化的传播需要政府、社会组织和企业的共同参与,而文化消费能够为企业的科技创新提供精神支持、文化创意。通过新媒体平台推广传统文化,可以带来广泛的关注度,将流量红利进行商业变现,繁荣文化消费市场,助力传统文化的传播。在推广传统文化的过程中,需要注重文化产品的创新和多样性。传统文化的内容是丰富多彩的,可以通过新媒体平台进行创新和变革,创造出更多符合大众需求的文化产品。同时,需要注重新媒体技术的应用,运用无人机航拍、AI 人工智能、VR 虚拟现实、AR 增强现实等新技术,丰富中国故事的呈现形式,提高传播效果和吸引力。

(二)从传播受众的角度来看

公众在新媒体平台进行文化消费的同时,需要明确优秀传统文化的价值观标准,提升自身的媒介素养。在参与网络互动时,公众要自觉用社会主义核心价值观审视网络文化,自觉抵制低俗网络文化对中华文化的侵蚀。现代社会的网络媒介环境日益多元化和复杂化,公众在进行文化消费时需要具备媒介素养,辨别真伪、善恶、美丑等方面的价值标准,才能更好地欣赏和传承传统文化。同时,公众在网络互动中要遵守法律法规,尊重他人的权益和人格尊严,自觉抵制低俗、暴力、色情等对社会和个人都有害的网络文化,营造健康、积极、向上的网络文化环境。

不能忽视文化消费的壁垒与边界。不同国家、不同民族受众的政治、文化背景不同,对新媒体的叙事作品解读在一定程度上也有所不同。通过实验发现,面对网络影视作品《花木兰》《卧虎藏龙》《功夫熊猫》等,不同国家地区的人观看后,部分受众没有读出作品中蕴含的忠孝、侠义精神,给他们留下深刻印象的反而是中国功夫、萌萌的熊猫这些相对表层的内容,这与他们之前对中国的刻板印象有关。这就要求我们在对外讲述中国故事的时候,尽量将叙事作品蕴含的中国文化明确化,勾勒出具体的、深刻的内容,由此展现真实、立体、全面的中国。

(三)从传播内容的角度来看

文化消费的壁垒与边界是存在的,不同国家、不同民族的受众在接受和理解文化作品时受到政治、文化背景等多种因素的影响,对作品的解读也有所不同。因此,也需要注重对外文化交流和传播的方式和方法,通过多种渠道和形式向外界展示真实、立体、全面的中国形象,让外界了解中国的多元文化、传统文化和现代文化。

此外,也需要加强对外文化交流的深度和广度,推动中外文化之间的对话与互动,促进不同文化之间的交流和融合,让中华文化与世界各国文化在交流互鉴中共同发展、共同繁荣。

二、如何赋能之二:从传播渠道与传播效果入手,实现场景互联,形成闭环

中国故事的呈现形式多种多样,可以通过场景互联、媒体融合、跨国合作等方式在新媒体平台上得到全面展现,从而实现中华文化的传播和推广。

首先,在场景互联方面,可以通过将传统文化元素融入不同的场景中,如旅游景点、城市文化、美食文化等,与用户进行连接,方便用户体验并刺激用户分享,通过受众的分享和二次传播形成传统文化传播的闭环。同时,可以通过网民"协作叙事""交互叙事"形成循环的圈子传播,让讲述中国故事的作品在新媒体平台上"滚雪球"式地爆发传播,形成"中国声浪"。

其次,在媒体融合方面,需要加大终端平台与产品的建设与维护,推动主流

媒体"走出去",构建跨国场景,在不同地域针对当地特点做出中国故事的新阐述。此外,也需要重视提升国际舆论场的话语权,通过人民日报海外版等媒体平台,塑造一个正面积极的中国形象,让更多的外界了解和认识中国文化。

最后,需要注重提升中国故事的品质和深度,创作更具有代表性和感染力的优秀作品,在新媒体平台上展现出中华文化的魅力和精神内涵,从而吸引更多的受众,推动中华文化在全球范围内的传播和推广。

第十章 融媒体时代新闻采编的创新探索

第四节 创新新闻采编模式

随着互联网和移动互联网的普及，在法律规定的范围内使用大数据技术已经成为新闻采编中不可或缺的一部分，可以通过多种方式对新闻产品进行创新和优化，以适应现代信息社会的发展趋势和用户的需求。在新闻采编方面，需要保证信息具有全面性和实效性。可以利用各种新媒体平台进行网络在线发布，在提高工作效率的同时要保证新闻信息的真实性。此外，还可以在新闻内容中适当地添加新鲜有趣的元素，跟踪报道新闻焦点，体现新闻媒体的完整专业性。

在新闻传播方面，可以利用移动互联网和物联网等传播媒介，实现新闻信息全天候、全地域的无差别接收，满足多方面用户的特定需求。同时，借助大数据技术，对内部数据进行挖掘和整理，预测行业未来的发展趋势，从而使新闻信息更加符合用户的需求。人们可以借助大数据技术对某个特定的行业进行信息的挖掘整理，从而做出更加科学和理性的决策，避免决策发生重大的失误，有效节约人力成本。同时，信息的共享和交流也是人们生产生活的重要形式。

二、大数据技术应用于新闻采编的优势

（一）能够有效增强定制化媒体新闻的精准投放能力

利用大数据技术能够有效提高新闻信息的投放精准性，从而满足用户的特定需求，提高信息服务的质量和效率。通过利用大数据技术对用户需求进行分析，新闻媒体可以根据消费和生活群体的不同，对信息投放进行精确地定位，从而提高新闻信息的投放准确度。同时，大数据技术还能够使得新闻采编由原来的大众化逐渐过渡到小众化甚至个体化，通过分析用户的数据痕迹，能够更

好地了解用户的喜好，定制更加符合用户需求的新闻产品。

在大数据信息时代，以用户特征为依据进行新闻信息投放已成为基本方式。这要求新闻采编必须根据数据预测结果进行创新，优化新闻的投放路径，提高新闻采编的客观性和价值。同时，大数据分发技术已广泛应用于新闻信息传播，可以根据用户需求为其推荐个性化的新闻或购物信息，这对于提升新闻的准确性、提高广告投放效率、增加用户点击率，具有重要意义。

通过借助大数据技术，可以不断提升新闻采编的质量和效率，提高信息服务水平，更好地满足用户需求和期望。新闻媒体可以通过分析大数据，了解用户的兴趣、偏好和行为，从而精准把握用户需求，为其提供个性化的新闻内容和服务。同时，基于大数据的分析和预测，新闻媒体可以及时发现热点事件、趋势和话题，迅速进行采编和报道，提高新闻的时效性和针对性。

大数据技术还可以帮助新闻媒体优化广告投放，根据用户画像和行为特征进行精准定向广告投放，提高广告投放的效果和用户体验。通过分析用户的点击和互动数据，新闻媒体可以不断优化和调整内容推荐算法，提供更符合用户兴趣和需求的新闻和信息，增加用户黏性和参与度。

综上所述，借助大数据技术，新闻媒体可以实现信息的个性化投放和精准推送，提升新闻的质量、效率和用户体验。大数据分析和应用将在新闻行业发挥重要作用，推动新闻产业模式的创新和发展，促进媒体与用户之间的深度互动。

（二）能够使得新闻信息更加具有关联性

在新闻采编领域，利用大数据技术可以实现更多的数据化和预测性，同时通过了解用户习惯进行采编形式的优化，从而提高新闻的价值和意义。大数据技术可以通过研究用户的逻辑和分析他们之间相互关联的数据，进行量化分析，以确定其中的逻辑关系。借助各种大数据分析方法，可以优化新闻采编过程，

第十章 融媒体时代新闻采编的创新探索

深入挖掘关键线索,收集相关信息,从而预测即将发生的行业新闻事件,为新闻报道提供先机。

举个例子,利用搜索引擎中与流行性感冒和流感发生相关的关键字,可以预测流感爆发的区域和位置,为政府决策提供有效的建议。通过分析搜索数据和趋势,可以追踪人们对特定话题的搜索量和兴趣,从而预测可能的流感爆发地点,便于及时采取防控措施。大数据技术还可以帮助新闻媒体更好地了解用户的兴趣和需求,并根据其习惯进行采编形式的优化。通过分析用户的点击、浏览和互动数据,新闻媒体可以洞察用户喜好,提供更符合用户兴趣的新闻内容。这种个性化的采编形式可以提高用户的参与度和满意度,增强新闻的价值和意义。

同时,判断不同数据之间的关联性,能够有效指导其逻辑性关系,从而优化新闻采编的效率和质量。通过大数据技术的应用,新闻媒体可以更好地了解用户需求和行为习惯,从而优化新闻采编的形式和内容,提高新闻的价值和意义。因此,利用大数据技术能够使得新闻采编更加数据化、可预测性更强,同时能够根据用户习惯进行采编形式的优化,从而提高新闻的价值和意义,更好地满足用户的需求和期望。

(三)大数据技术能够使得新闻受众样本分析更加准确

相较于传统媒体,互联网媒体具有双向传递的特点,利用大数据技术可以使新闻采编更加客观、准确,并且更加注重观众的心理感受和活跃度。通过智能设备和大数据技术,可以有效分析观众的阅读和兴趣,推测用户的信息浏览兴趣,从而更好地了解用户的需求和行为习惯。借助爬虫技术、分词技术和聚合技术,可以将信息的浏览痕迹科学合理地整合起来,判断用户的需求,提高新闻采编的效率和准确性。

具体来说,大数据技术可以通过分析用户在互联网上的行为,如点击、搜索和互动等，获取用户的兴趣和偏好。这些行为数据可以被收集、整理和分析，从而揭示用户的心理感受和需求。通过了解观众的兴趣点，新闻媒体可以提供更加符合观众需求的新闻内容，增强观众的参与感和满意度。此外，大数据技术还可以通过分析用户的行为数据，揭示新闻报道的受众反馈和互动情况。通过观察用户的评论、分享和点赞等行为，新闻媒体可以了解观众对新闻的态度和情感倾向。这有助于新闻媒体更好地了解观众的心理感受，并根据反馈进行内容分发的相应调整和改进。

全样本分析能够使数据更加客观、准确地反映观众的阅读和兴趣，从而更好地为新闻采编提供依据。通过利用大数据技术对观众的阅读和兴趣进行分析，新闻媒体可以更好地了解用户需求和行为习惯，从而优化新闻采编的形式和内容，提高新闻的价值和意义。因此，合法地利用大数据技术能够使得新闻采编更加客观、准确，并且更加注重观众的心理感受和互动，从而提高新闻的质量和效率，更好地满足用户的需求和期望。

三、目前在新闻采编过程中所存在的问题

（一）新闻采编工作与新闻制作之间存在较大的隔阂

目前我国的新闻媒体行业存在新闻采编与新闻制作之间缺乏协作和沟通的问题，这种分离的状态不利于确保新闻的准确性和真实性，也会影响新闻工作的效率和质量。当新闻制作和采编部门在新闻采集方面存在分歧时，容易导致新闻工作的烦琐和不必要的麻烦，同时可能会对新闻的传播和影响产生负面作用。因此，加强新闻采编和新闻制作之间的沟通和协作，建立有效的信息交流机制，是提高新闻质量和效率的重要手段。

（二）电视新闻的视角缺乏全面和客观性

新闻采编的公平和公正是新闻媒体坚守的基本原则之一，也是新闻信誉的重要保障。新闻采编工作者应该遵循中立客观的态度，对新闻进行深入、准确、

公正地解读和报道,以保证新闻的真实性和可信度。同时,对报道的信息进行科学解读,可以提高新闻的质量和可读性,满足用户的需求,增加用户的数量。此外,新闻采编工作者也应该注重新闻采集的全面性和多样性,尽可能地涵盖不同地区、不同群体和不同观点的声音,让读者了解更全面、真实的信息,促进社会公正、公平、和谐的发展。

(三)新闻编辑的模式比较单一

融媒体时代对编辑人员提出了新的更高的要求。编辑人员不能机械地充当新闻信息的搬运工,其工作职责不仅仅局限于信息的收集与转载,而要具备超强的信息资源整合能力和策划能力,要具备把不同种类的新闻报道文体融合在网页上的本领(包括文本、图片、音频、视频等),成为"一专多能"的复合型人才。

传统思路通常倾向于固定的新闻采编和制作方法,缺乏灵活性和创新性。这导致新闻报道呈现出相对单一的形式,缺乏多样性和个性化。与此同时,传统媒体在技术应用方面相对滞后,对于新兴技术的应用了解和掌握不足,难以充分利用现有技术手段进行创新和改进。

此外,在信息采集过程中,传统思路往往忽视了大数据技术的重要作用。大数据技术可以帮助新闻媒体更好地了解用户需求和行为习惯,通过分析用户数据和趋势,预测新闻热点和受众兴趣,为新闻采编提供指导和方向。然而,由于传统思路的束缚,很多新闻媒体没有充分应用大数据技术,导致信息制作与用户需求之间的连接不够紧密,新闻报道的质量和吸引力受到一定的影响。

为了解决这些问题,我们可以采用新技术和新方法来推动新闻报道的多元化和创新。例如,在新闻采集和制作过程中,可以利用大数据技术来分析数据,发现新闻报道的热点和重点,从而更好地满足用户的需求。此外,智能化技术也可以提高新闻采编的效率和质量,例如自动化采集、机器翻译、语音识别等技术,可以帮助新闻媒体实现精准、高效、多样化的新闻报道。总之,新闻媒体需要不断探索和创新，积极尝试新技术和新方法，提高新闻质量和效率，以更好地满足用户需求。

四、利用大数据提升新闻采编效率的途径

（一）建立集中化的数据分析架构

要与现代媒体进行融合，传统媒体需要建立系统集中化的数据分析架构，并利用大数据技术进行数据分析和处理，从而提高信息采编的服务效率和质量。通过充分利用大数据技术，传统媒体可以从数据资源入手，建立现代化的采编体系，通过快速获取新闻信息并抓取有新闻价值的内容，使新闻报道更具吸引力。同时，借助移动互联网等现代化技术，可以快速、精准地整理和分析数据，以满足用户不同的需求，选定不同的主题，将新闻信息快速推送到服务器中，实现信息的快速传播和推广。因此，传统媒体需要不断创新，积极采用新技术和新方法，建立现代化的采编体系和数据分析架构，以适应现代信息社会的挑战，提高新闻质量和效率。传统媒体应该积极推动数字化转型，加强数据分析能力，提升新闻报道的时效性和针对性。通过将大数据技术与传统媒体相结合，可以实现信息的快速获取、准确分析和精准传播，从而更好地满足用户需求，提升传统媒体在现代媒体环境中的竞争力。

（二）对数据资源进行有效的挖掘

在信息数据时代，针对性的数据挖掘对于新闻媒体至关重要。利用数据整理和挖掘技术，新闻媒体能够更好地适应用户需求，提高新闻产品的效率。大数据技术的应用使得从海量数据中寻找具有新闻价值的信息成为可能，并通过将各种线性和非线性的数据结构相结合，从多个维度分析其内在联系，以满足受众在新闻的形式和传播方式等方面的需求。

在新闻采编方面，数据挖掘技术可以在技术层面和平台系统中提供有效的信息支持，从而更好地满足用户需求。结合受众的信息接收和阅读习惯，可以抓取具有指导性的信息主题，准确体现新闻的价值。新闻采编人员需要具备较

强的数据分析能力，能够准确地从主题搜索中体现新闻的价值，并在大数据信息的整理和挖掘过程中，加强不同新闻之间的关联，提高对数据资源的挖掘效率。

通过数据挖掘，新闻媒体可以更好地了解用户需求和兴趣，提供个性化的新闻内容，增强用户体验。同时，数据挖掘也有助于发现新闻报道中的隐藏信息、趋势和规律，为新闻报道提供更深入地分析和洞察。因此，新闻媒体应该加强对数据挖掘技术的应用，培养数据分析人才，提高新闻采编的精准性和效率，以适应信息时代的挑战。

（三）需要变革采编的理念

在大数据时代，新闻媒体工作者确实需要创新信息的采编传播形式，采用革命性的采编理念，并结合信息化技术、大数据处理技术、移动互联网技术和物联网技术，以创新新闻采编的方式和方法。新闻的采编是新闻产生的基础，而借助大数据技术进行有效地分析和预测，并完善分析系统的建设，是传统媒体应对信息社会变革的重要举措。新闻采编需要从思维方法上进行突破，将新闻的影响力作为判定标准，并利用大数据结合用户的兴趣进行分析，以指导新闻的采编工作。通过分析用户数据和行为，新闻媒体可以更好地了解用户需求和偏好，提供个性化的新闻内容，增强影响力。

同时，新闻媒体工作者也需要认识到传统媒体自身的局限性，积极应对信息化时代的挑战。应该不断探索新技术、新方法，包括人工智能、机器学习、自然语言处理等，以应用于新闻采编过程中。利用这些新技术，可以提高新闻的准确性和时效性，挖掘隐藏在大数据中的新闻线索，进行更深入地报道和分析。此外，新闻媒体工作者还可以通过移动互联网和物联网技术，实现新闻内容的多样化传播，与读者进行互动，增加用户参与度和黏性。在大数据时代，新闻媒体工作者需要积极拥抱变革，不断创新，以适应快速变化的信息环境。他们应该注重发掘和应用新技术，将大数据与新闻采编相结合，提高新闻质量、增强影响力，同时满足用户需求，实现传统媒体与现代媒体的融合。

第五节　提高新闻采编人员的专业素养

从业这么多年以来，记者这份职业给我最直接的感受就是需要不断地学习。这是一份要"跑起来"的工作。因为我们大部分时候都在"触新"：新政策，新现象，新问题。这就要求我们的学习能力和新闻敏感性要时刻在线，提速前进。

尤其身处融媒体时代，新闻传播的平台更加多样，传播的形式、传播的语言、平台的规则都要快速掌握。记者只会写已经明显不够了，短视频平台的快速发展，以及直播连麦等形式的兴起，丰富了新闻传播的方式，基本的拍摄、剪辑能力、出镜能力都要"配置"起来。

我们每天面对的是海量的信息，真假难辨。这需要记者具备较强的政治素养，增强记者的判断力、领悟力和执行力。新闻采编人员要强化把关意识，杜绝假消息。同时挖掘真相，发布客观、公正、权威的新闻。

一、具有丰富的专业知识

作为一个新闻采编人员，专业知识是必不可少的基础与先决条件。只有具备扎实的专业素质，才能够保证新闻报道的质量。新闻采编是一个相对而言比较复杂的过程，需要经过采访、记录、编辑、修改等多个环节。因此，新闻采编人员需要具备丰富的新闻基础知识和写作技巧，能够准确把握新闻事件的重点，掌握新闻编辑的技巧和规范，从而能够撰写出准确、客观、完整的新闻报道。同时，新闻采编人员还需要具备广泛的学科知识，如化学、天文、历史、地理等，能够从多个角度去分析和解读新闻事件，提高新闻报道的质量和深度。

作为一个专业的新闻采编人员，需要保持学习的热情，不断提高自己的专业素质，并紧跟时代发展步伐，掌握新闻报道的最新技术和工具，提高整个新闻采编的效率与质量。同时，新闻采编人员也应该时刻坚守自身职业道德，保持客观公正的态度和价值观，以保证新闻报道的真实性和客观性。

二、具有高尚的职业道德

作为一个新闻采编人员，职业道德是非常重要的，因为新闻报道会直接影响到公众的认知和价值观念。因此，新闻采编人员需要时刻保持职业道德意识，注重自身的职业操守和道德素养。

首先，新闻采编人员应该始终保持客观、公正、真实的态度和价值观，不受外部压力和利益的干扰，保持自己的公正性和专业性。应该遵循新闻行业的规范和伦理准则，不随意改编别人的话语，不添油加醋、妄自揣测，而是以客观的态度和事实为依据，准确地报道新闻事件。

其次，新闻采编人员应该认真履行自己的职责，对于整个事件要如实进行报道，不断学习，提高自己的专业素质，确保自己的新闻报道的准确性和可信度。

最后，新闻采编人员应该坚定自己的工作信念和政治信仰，注重自身的政治素养和专业素质的提高，不被外界所干扰，始终保持职业道德的精神和操守。同时，也应该时刻提醒自己勇于追随内心，不改变自己的初心，从而更好地做好新闻采编的工作。

三、具有正确的价值观念

一个好的新闻报道不仅要讲清楚事件的发生和经过，还要传递正确的价值观念，引导公众形成正确的思想认识和行为习惯，为社会的进步和发展做出贡献。对于新闻采编人员来说，正确的价值观念是非常重要的，它不仅是个人思想价值的体现，也是新闻报道的灵魂和核心。

新闻采编人员需要具有正确的人生观和价值观，以人为本，关注社会热点和人们所关心的问题,从而才能够更好地把握新闻事件的本质和价值,传递正确的信息和价值观。

新闻价值能促进新闻工作者将新闻传承下去。新闻价值是一个新闻工作者毕生的追求,并且新闻价值的大小对新闻工作者自身素养的要求极高,也就是说,要想报道一篇新闻价值很大的新闻,新闻工作者需要对事实进行深度了解,对报道语言不断精炼,并且要做到事情内容准确无误等等。在这个过程中,新闻工作者不仅提升了个人,也为新闻行业的发展奠定了更牢固的基础。同时更能帮助一些后辈对新闻有正确的初步认知,并对新闻工作萌生兴趣,从而加入新闻行业,成为一名新闻人。通过追求新闻价值,新闻事业也将在一代一代的新闻人手中传承,发扬。

四、具有敏锐的观察能力

作为一名专业的新闻采编人员,面对社会上每天发生的大量新闻事件,不可能一一进行采编报道,这就需要新闻采编人员具备敏锐的洞察能力和分析能力,善于抓住新闻事件的关键点和价值所在,从而提升新闻报道的质量和价值。这包括发现新闻事件背后的深层含义和影响,深入挖掘事件的亮点和个性化内容,以及走进基层、与人对话、了解更多信息,从而报道出具有深刻意义和价值的新闻事件,传递正确的价值观和信息。同时,新闻采编人员也需要具备扎实的调查和研究能力,勇于创新和探索,以及开放的心态和沟通能力,从而保证新闻报道的准确性和客观性,为读者提供更好的新闻信息和服务。